문법+회화+사전

우즈벡어

문법 + 회화 + 사전
우즈벡어

김 병 일

한반도국제대학원대학교출판부

머리말

　이 책은 우즈벡어를 배우려는 모든 사람들의 효율적인 학습을 위해 제작되었다. 그리고 우즈벡어를 보다 쉽고 빨리 습득할 수 있도록 라틴 알파벳으로 기술하였으며, 발음의 이해를 위해 한국어 발음 표기를 첨가하였다.

　본문 내용의 I부는 문법을 주로 다루었고, II부는 주제에 맞는 회화에 쓰인 문법을 쉽게 해설하여 총 35과로 구성하였고, 각 과마다 다양한 주제를 다루었으며, 각 과가 서로 연관성을 지니게 하여, 다음 과 학습이 이해력을 향상시키는 효과를 도모하였다. 특히 II부의 각과의 구성은 회화, 문법 설명, 연습문제, 말하기, 읽기, 어휘란, 쓰기 등으로 이루어져있다. 과마다 우즈베키스탄 실생활에서 자주 사용하는 생활 회화를 기본으로 하였으며, 이해를 돕기 위해 한국어 번역을 첨부하였다.

　문법은 기초 문법들을 중심으로 한국어 문법과 비교 설명하고, 예들을 통해 설명을 보충하여 확실한 이해를 돕도록 하였다. I부의 기초문법과 II부의 회화 주제의 문법을 서로 연결하여 반복적으로 공부한다면 더욱 효과적인 결과를 얻을 수 있을 것이다.

　대화 연습을 통해서는 미리 익힌 회화 표현들을 어떻게 활용하는지, 문법적인 설명들을 잘 이해했는지, 발음들을 정확히 구사할 수 있는지 등을 다시 한번 점검하도록 구성하였다. 또한 읽기 연습란과 어휘란을 통해 독해와 어휘력 향상에 도움이 되도록 하였다.

　끝으로 연습 문제를 통해 우즈벡어의 문법 지식을 잘 이해하고 활용할 수 있는지 다시 한번 점검할 수 있게 하였다.

　이책을 통해 우즈벡어와 우즈베키스탄에 대한 더 많은 관심과 전문가들이 배출되기를 기대한다.

　마지막으로 이 책의 출판을 위해 여러모로 도움을 주신 한반도국제도학원대학교 출판부와 전 세계 각 도시의 INTERCP 모든 간사님께 진심으로 감사를 드린다. 특별히 이책이 나오기까지 회화 부분에 많은 자료와 지도를 아끼지 않은 Shoira Usmanova 교수님께 감사를 드린다.

2006년 9월 1일

김병일

차 례

튀르크어 개관

1. 튀르크(Turk)語와 우즈벡(O'zbek)語: 우즈벡어는 유라시아 대륙에 널리 분포되어 있는 튀르크族이 사용하는 튀르크語의 한 方言으로서, 현재 구소련 연방에서 독립한 중앙아시아 5개국 중 우즈베키스탄 공화국을 중심으로 중앙아시아에 분포되어 있는 우즈벡 민족이 사용하는 언어를 말한다. 튀르크(Turk)族은 중국, 한국 등 극동에서는 돌궐족(突厥族)이라 불리웠으며 6,7세기에 중앙아시아와 동북아시아 대륙에 거대한 돌궐 제국(突厥帝國)을 건설했었다. 한편, 우리가 통상 부르고 있는 국명(國名) 우즈베키스탄은 영어로 Uzbekistan, 러시아어로는 Узбекистан이며 우즈벡어로는 O'zbekiston이다.

2. 튀르크語 계통과 역사적 배경: 튀르크語는 유라시아 대륙에 널리 분포되어 있는 튀르크(Turk)族이 사용하는 언어로써, 한국어와 함께 알타이語群에 속한다. 튀르크 문자 언어는 고대, 중세, 현대 언어로 구분하는데, 고대 튀르크어는 콕튀르크 제국(Ko'kturk: 돌궐 제국 552~745 A.D.)이 사용한 오르혼語와 우이구르 제국(Uyg'ur: 745~940 A.D.)의 우이구르語를 말하며, 중세 튀르크어는 11세기에서 16세기까지 사용된 차가타이語, 큽착語, 前期 오스만語 등을 말하고, 현대 튀르크어는 현재 전 유라시아 지역에서 널리 사용되는 튀르크語를 말한다. 근세 튀르크어의 구분을 따로 설정하지 않은 것은 16~17세기 이후 중세 튀르크어와 현대 튀르크 방언들 사이에서 많은 언어가 개별 언어 혹은 방언으로 발달하는 과정에서 통일된 언어 구분이 불가능하며, 이 시기는 각 방언들의 개별적 언어 변천사로 취급해야 하기 때문이다.

3. 튀르크어 분포: 튀르크語는 다른 알타이諸語 즉, 몽골語나 만주-퉁구스語에 비해 언어 사용인구가 훨씬 많고 지역적 분포도 광범위하다. 러시아 연방공화국의 동부 지방 야쿠트(Yakut)語로부터 동구 유럽에서 사용하는 가가우즈(Gagauz)語에 이르기까지 넓게 분포되어 있는 튀르크語는 현재 24개 이상의 튀르크 部族 약 1억 6천만의 인구가 사용하고 있다. 대략적으로 인구 분포를 보면 舊소련의 5개 튀르크族 공화국─ 카작(Qozoq), 우즈벡(O'zbek), 투르크멘(Turkman), 크르그즈(Qirg'iz), 아제리(Ozarbayjon) 공화국과 야쿠트(Yakut), 투바(Tuva), 하카스(Hakas), 타타르(Tatar), 바쉬크르트(Boshqird), 추바쉬(Chuvash), 발카르(Bolqor), 카라칼팍(Qoraqalpoq), 크묵(Qumiq) 등 튀르크族獨立國과 自治國들에 약 7천만 명이 있으며, 중국 서부 지방 우이구르 자치구에 우이구르(Uyg'ur) 튀르크族이 약 9백만 명, 터키 공화국에 약 6천만 명, 이란 서부 지방에 약 7백만 명, 동구

유럽과 그리스 북부 지방에 약 백 5십만 명, 독일 등 서구 유럽에 약 2백만 명, 기타 중동 등지에 약 3십만 명 등이 있다. 그동안 러시아語와 자신들의 언어를 국어로 사용하던 舊소련 내의 튀르크族 공화국들은 독립국가가 되면서 최근에 자신의 언어들을 단일 국어로 채택하고 있다.

4. 튀르크語 分類: 유라시아 대륙에 널리 분포되어 사용되고 있는 튀르크語의 언어학적 기준에 따른 분류는 다음과 같다:

Ⅰ. 추바쉬(Chuvash)語

Ⅱ. 할라즈語

Ⅲ. 야쿠트(Yakut)語

Ⅳ. 투바(Tuva)語, 카라가스語

Ⅴ. 하카스(Hakas)語, 사르 우이구르語, 오르타 출룸, 미라쓰, 유카르 톰 방언들

Ⅵ. 알타이산맥 북부 방언들, 콘돔, 아샤으 출룸, 아샤으 톰 방언들.

Ⅶ. 알타이산맥 남부 방언들.

Ⅷ. 크르그즈(Qirg'iz)語.

Ⅸ. 우즈벡(O'zbek)語, 우이구르(Uyg'ur)語

Ⅹ. 카작(Qozoq)語, 카라칼팍(Qoraqalpoq)語, 노가이語, 카라힘語, 타타르(Tatar)語, 바쉬크르트(Boshqird)語, 카라차이-발카르(Qorachoy-Bolqor)語, 크름 타타르語, 크묵語, 우즈벡어의 하레즘-큽착 방언들(큽착 그룹).

Ⅺ. 살라르語.

Ⅻ. 터키(Turkey)語, 아제리(Ozarbayjon)語, 가가우즈語, 투르크멘(Turkman)語, 호라산 튀르크語, 우즈벡의 하레즘-오우즈 방언들.

5. 현대 우즈벡語의 성립: 우즈벡語는 14-16세기 튀르크계 차가타이(Chagatay)어에서 발달한 언어이다. 고대 우즈벡어라고도 불리우는 차가타이어는 12-13세기의 튀르크계 쾨레즘어에서 발달한 중세 튀르크어로서 중세에 동튀르키스탄 전역에서 널리 사용되었다. 차가타이어는 문어체이며 이슬람화된 튀르크족들이 사용했기 때문에 아랍어 어휘가 매우 많다. 차가타이어는 티무르 제국때도 계속 사용되었으며 무굴제국에도 공식 문어(文語)로 사용되었다. 차가타이어의 세계적인 문필가 알리세르 나보이(Alisher Navoiy) 시대에 차가타이어는 문어로서 전성기를 이루게 되었다. 15,16세기에 중앙아시아에서 지배적인 언어로 사용되던 차가타이어는 16세기 이후 점차 쇠퇴하여 18,19세기에는 중앙아시아의 하나의 튀르크계어인 우즈벡어로 발달하게 되었다.

6. 알타이계 국가: 7개의 독립국(터키, 아제르바이잔, 투르크메니스탄, 우즈베키스탄, 카자흐스탄, 크르그즈스탄, 키프러스)과 러시아 공화국 내의 다수의 자치국 혹은 자치구(타타르, 야쿠트, 투바, 바쉬크르트, 추바쉬, 알타이, 하카스 등)에 이처럼 널리 분포되어 사용되고 있는 튀르크語群과 같은 알타이어 그룹에 속하는 몽골어와 한국어 등을 포함한 소위 알타이계 국가들을 도표로 보면 다음과 같다:

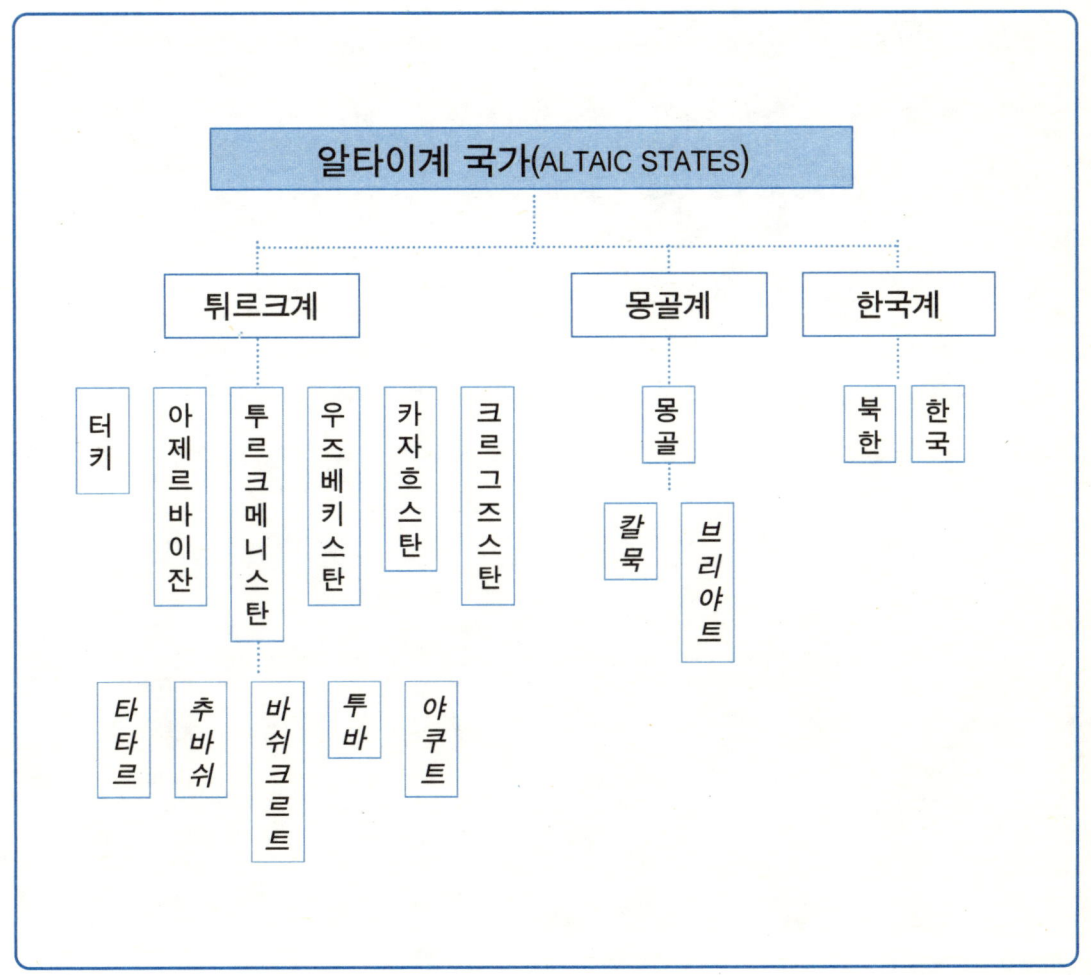

알타이계 국가(ALTAIC STATES)

튀르크계 | 몽골계 | 한국계

터키 / 아제르바이잔 / 투르크메니스탄 / 우즈베키스탄 / 카자흐스탄 / 크르그즈스탄

몽골

북한 / 한국

타타르 / 추바쉬 / 바쉬크르트 / 투바 / 야쿠트

칼묵 / 브리야트

우즈벡어의 자모

O'zbek alifbosi

대문자	소문자	문자 명	한글대조 발음
A	a	a	아
B	b	be	베
D	d	de	데
E	e	e	에
F	f	ef	에프
G	g	ge	게
H	h	he	헤
I	i	i	이
J	j	je	제
K	k	ke	케
L	l	el	엘
M	m	em	엠
N	n	en	엔
O	o	o	어
P	p	p	페
Q	q	qe	케
R	r	er	에르
S	s	es	세/쎄
T	t	te	테/떼
U	u	u	우
V	v	ve	붸
X	x	xe	헤
Y	y	ye	이에
Z	z	ze	제
O'	o'	o'	오
G'	g'	g'e	게
Sh	sh	she	쉐
Ch	ch	che	췌
Ng	ng	nge	ㅇ

읽어보기

1. 모음의 특징 Unli tovushlarning xususiyati

> a, e, i, o, u, oʻ

1) a : a-na, am-ma, a-ka, jar, mar-ta

   a 발음의 특징은 다음과 같다.

   첫째, a는 일반적으로 /ㅏ/ 발음을 낸다. ana, mana

   둘째, a가 g, k 과 연결되면 /ㅑ/ 발음에 가깝다. agar (agar), aka (aka)

   셋째, a가 q, gʻ 와 연결되면 발음이 강해진다. qari, gʻalla

2) e : el, c lak, er-kak, ber, kel

   e 발음의 특징은 일반적으로 /ㅔ/ 발음을 낸다. erta, ber

3) i : ip, ik-ki, ish-chi, ni-ma, ki-tob

   i 발음의 특징은 다음과 같다.

   첫째, i가 단어의 어두에 위치하면서 /ㅣ/ 발음을 낸다. ish, ikki

   둘째, i가 단어의 어중이나 어미에 위치하게 되면 /ㅡ/ 와 /ㅣ/ 중간 발음이 된
   다. nima (n:ma), kitob (k:top), kishi (k:sh:)

4) o : o-na, o-pa, ol-ma, bosh, to-moq

   o 발음의 특징은 다음과 같다.

   첫째, o는 일반적으로 /ㅓ/ 발음을 낸다. ot, osh, bosh

   둘째, o는 우즈벡어로 차용된 단어일 경우는 /ㅗ/로 발음해야 한다.

   　　bolt (boʻlt), tok (toʻk)

5) u : u-ka, u-zum, pul, tu-tun, gul

   u 발음의 특징은 다음과 같다.

   첫째, u는 일반적으로 /ㅜ/ 발음을 낸다. uzum, pul

   둘째, u가 g, k과 연결되면 /ㅠ/ 발음과 유사하다. gul, kul

6) oʻ : oʻz, oʻ-rik, goʻ-zal, qoʻl, gʻoʻ-za

oʻ 발음의 특징은 다음과 같다.

첫째, oʻ는 일반적으로 o 와 u의 중간 발음으로 나타난다. oʻt, koʻl

둘째, oʻ가 q, gʻ 과 연결되면 강하게 발음되어진다. qoʻy, gʻoʻr

2. 자음의 특징 Undosh tovushlarning xususiyati

b, d, f, g, h, j, k, l, m, n, p, q, r, s, t, v, x, y, z, gʻ, sh, ch, ng

1) q 와 gʻ 발음의 특징은 다음과 같다.

첫째, 연구개음 q와 gʻ는 발음을 강하게 내야 한다.

둘째, q 로 끝나는 단어 중, 두 음절로 구성된 명사에 소유격 인칭어미가 붙으면, q〉gʻ로 바뀐다. oʻrtoq+im 〉 oʻrtogʻim

2) x 과 h 발음의 특징은 다음과 같다.

첫째, x 발음은 목구멍에서 뱉어내듯이 강하게 발음해야 한다. xalq, shox

둘째, 후두음 h는 발음을 목구멍에서 부드럽게 내야 한다. hamma, jahon

3) sh, ch, ng 발음의 특징은 다음과 같다.

첫째, sh, ch, ng 발음은 두개의 음절로 이루어져있지만, 기본적으로 발음을 할 때는 한 음절로 발음해야한다.

둘째, sh는 일반적으로 /쉬/로 부드럽게 발음해야 한다. shahar, shirin

셋째, sh는 q, x 과 연결되면 강하게 발음해야 한다. qishloq, shox

넷째, ch는 /ㅊ/ 발음을 나타낸다. chap, chidam, kichik

다섯째, ng는 한국어의 /ㅇ/ 와 같은 발음을 내며, 일반적으로 단어의 중간이나 끝에 사용된다. koʻngil, manglay, teng, ming

자음의 발음규칙 Undosh tovushlarning talaffuzi

1) b, v, g, d 는 단어의 끝에서 각각 무성음 p, f, k, t 로 발음된다.
   maktab 〉 maktap, Ahmedov 〉 Ahmedof, barg 〉 bark, ozod 〉 ozot

2) f 는 어중이나 어미에서 p로 발음한다. daftar 〉 daptar, sadaf 〉 sadap

3) z 는 단어의 끝에서 무성음 s로 발음된다.
   boramiz 〉 boramis, dengiz 〉 dengis

4) 단어의 끝에 있는 두 자음 중 마지막 자음 /t/는 거의 발음되지 않는다.
   do'st 〉 do's, past 〉 pas, daraxt 〉 darax

참고

우즈벡어의 새 알파벳에서 분절표시 " ' "(apostrof)의 특징은 다음과 같다.
첫째, 일반적으로 모음에 붙을 때 모음의 발음은 장음이 된다.
   she'r, ba'zi, ta'sir, ma'no
둘째, 자음에 붙을 때 자음을 짧게 끊어서 발음해야 한다.
   san'at mas'ul, in'om

우 즈 벡 어 문 법

1. 대명사(olmosh)

- 대명사는 명사, 형용사, 수사 대신에 사용될 수 있으며, 의미에 따라 다음과 같이 분류한다.
    - 인칭 대명사 (kishilik olmoshlari)
    - 지시 대명사 (ko'rsatish olmoshlari)
    - 의문 대명사 (so'roq olmoshlari)
    - 재귀 대명사 (o'zlik olmoshlari)
    - 한정 대명사 (belgilash olmoshlari)
    - 부정 대명사 (bo'lishsizlik olmoshlari)
    - 부정 대명사 (gumon olmoshlari)
    - 대명사는 문장에서 주어, 한정어, 보어, 서술어 역할을 한다.

1. 인칭 대명사(kishilik olmoshlari)

1) 인칭 대명사는 다음과 같다.

인 칭	단 수		복 수	
1 인칭	men	나	biz	우리
2 인칭	sen	너	siz	너희/당신
3 인칭	u	그(녀)	ular	그(녀)들

1인칭 대명사의 복수 biz는 매우 정중한 표현을 할 때, 1인칭 단수 men대신 사용할 수 있다; Men keldim(나는 왔다). Biz keldik(저(희)는 왔습니다). 그리고 2인칭, 3인칭 단수 sen, u대신에 복수 형태인 siz, ular를 사용할 수 있다. 이것은 정중한 표현을 나타낼 때 사용한다; Omon, siz kel-ing(어먼씨, 당신 오세요)!

인칭대명사의 복수에 복수 접미사 -lar를 첨가하면 수의 많음을 나타내며, 2인칭 단수 sen에 복수 접미사 -lar를 첨가하면 경시하는 태도를 나타내는 것이다; Senlar qayerdan paydo bo'lding(너 어디로부터 생겨났니)? Senlar qachon odam bo'lasanlar(너희들 언제 사람이 되니)?

그리고 2인칭에 복수 접미사에 **-lar**가 첨가하면 존칭을 나타내며 3인칭 복수는 복수의
의미 외에 존칭을 나타낼 때도 있다.

2) 인칭 대명사는 다른 명사와 같이 격변화를 한다. 격변화는 인칭에 격조사를 첨가하
면 되지만, 1, 2인칭 단수의 소유격(**-ning**)과 목적격 조사(**-ni**)에서 n이 탈락한다.
그리고 3인칭 단수 **u**는 여격, 처격(장소격), 탈격에서 **-n-**을 첨가한다.

주격	소유격	목적격	여격	처격	탈격
men	mening	meni	menga	menda	mendan
sen	sening	seni	senga	senda	sendan
u	uning	uni	unga	unda	undan
bız	bızning	bizni	bizga	bızda	bızdan
siz	sizning	sizni	sizga	sizda	sizdan
ular	ularning	ularni	ularga	ularda	ulardan

3) 인칭대명사와 인칭어미

우즈벡어에는 서술어에 명사류의 품사가 올 수 있다. 이 때 서술어에 주어의 행위
자를 나타내는 인칭어미가 사용된다. 인칭어미의 형태는 크게 3가지로 나누는데,
주어가 인칭대명사일 때는 서술에서 사용되는 인칭어미는 편의상 이를 제 1형 인칭
어미라 한다. 3인칭어미는 종종 생략된다.

단 수		인 칭	복 수	
men	-man	1	biz	-miz
sen	-san	2	siz	-siz
u	-(dir)	3	ular	-(lar)

2. 지시 대명사(ko'rsatish olmoshlari)

1) 지시 대명사는 다음과 같다.

단 수		복 수	
bu	이것	bular	이것들
u	그것	ular	그것
shu	이것, 저것	shular	저것들
o'sha	바로 이(그)것	o'shalar	바로 이(그)것들

*지시 대명사는 3형 인칭어미를 갖는다. 지시대명사 **u**는 인칭대명사로도 쓰인다.

2) 지시 대명사도 인칭 대명사처럼 격변화한다. 특별히 지시 대명사의 단수에 여격 (ga), 처격(da), 탈격(dan) 조사가 올 때, 격조사 앞에**-n**-이 첨가된다.

주격	소유격	목적격	여격	처격	탈격
bu	buning	buni	bunga	bunda	bundan
u	uning	uni	unga	unda	undan
shu	shuning	shuni	shunga	shunda	shundan
o'sha	o'shaning	o'shani	o'shanga	o'shanda	o'shandan
bular	bularning	bularni	bularga	bularda	bulardan
ular	ularning	ularni	ularga	ularda	ulardan
shular	shularning	shularni	shularga	shularda	shulardan
o'shalar	o'shalarning	o'shalarni	o'shalarga	o'shalarda	o'shalardan

3. 의문 대명사(so'roq olmoshlari)

1) 의문 대명사는 다음과 같다.

*kim	누구
*nima	무엇
qanday	어떻게, 어떤 방법
qaysi	어느 것
qancha	얼마(셀 수 없는 양)

qanaqa	어떤 (종류)
nécha	얼마(셀 수 있는 양)
nechta	몇 개(개수를 나타내는 모든 것)
nechanchi	몇 번째
*qayer	어디
*qayoq	어느 쪽

*문장에 의문사가 없는 의문문은 의문 접사 **–mi**를 첨가하여 만든다. 의문 대명사 중 kim과 nima는 다른 대명사나 명사처럼 복수형태를 가지며 격변화한다. **necha**는 qancha와 함께 가격을 나타낼 때도 쓰여지고 있다. **qayer**와 **qayoq**은 여격, 처격, 탈격의 조사와 사용될 수 있다.

Bu kim? Olangmi?	이 분은 누구니? 네 아버지니?
U nima? U daftar.	그것은 무엇이니? 그것은 공책입니다.
Qandaysiz?	어떻게 지내세요?
Qayerga borasiz?	어디로 가십니까?
Qayerda turasiz?	어디에서 거주하십니까?
Bu necha pul?	이것은 얼마입니까?

4. 재귀 대명사(o'zlik olmoshlari) o'z

– 재귀 대명사 **o'z**(자기, 자신)는 인칭 대명사의 의미를 구체화시키거나 확언 또는 주장할 때 사용된다. **o'z**는 문장에서 주어와 동일한 객체(목적어)를 나타낸다. 재귀 대명사는 문법적인 형태에 따라 변한다.

1) o'z는 인칭에 따른 소유어미를 가진다.

o'z + 소유어미

인 칭	단 수	복 수
1	(men) o'zim	(biz) o'zimiz
2	(sen) o'zing	(siz) o'zingiz
3	(u) o'zi	(ular) o'zlari

2) 인칭에 따른 소유어미를 가지며 격에 따른 격변화를 한다.

oʻz + 소유어미 + 격조사

수	인칭	주격	소유격	목적격	여격	처격	탈격
단수	1	oʻzim	oʻzimning	oʻzimni	oʻzimga	oʻzimda	oʻzimdan
	2	oʻzing	oʻzingning	oʻzingni	oʻzingga	oʻzingda	oʻzingdan
	3	oʻzi	oʻzining	oʻzini	oʻziga	oʻzida	oʻzidan
복수	1	oʻzimiz	oʻzimizning	oʻzimizni	oʻzimizga	oʻzimizda	oʻzimizdan
	2	oʻzingiz	oʻzingizning	oʻzingizni	oʻzingizga	oʻzingizda	oʻzingizdan
	3	oʻzlari	oʻzlarining	oʻzlarini	oʻzlariga	oʻzlarida	oʻzlaridan

3) oʻz에 소유조사 −niki가 첨가되면 누구의 소유인지를 나타내며 자신의 집을 나타낸다.

oʻz + 소유어미 + niki

Oʻzimniki   내 자신의 것, 나 자신의 집

Siznikiga boraman.   저는 당신 집에 갈 것입니다.

5. 한정 대명사(belgilash olmoshlari)

- 한정 대명사는 사람이나 사물의 특징, 성질에 있어서의 일반적이며, 일정한 어떤 특정한 것을 나타낼 때 사용한다.

1) 의문사 kim, qanday, qaysi, qancha나 bir, narsa와 같은 단어 앞에 har라는 단어를 결합하여 만든다.

   har kim, har qanday, har qaysi, har qancha, har bir, har narsa

2) 집합적인 의미에서의 사람이나 사물의 일반적인 특성을 나타내는 표현은 hamma, barcha, butun으로 나타낸다.

   Bugun uyda hamma bor.   오늘은 집에 모두가 있다.

   U barcha kitobni oʻqidi.   그는 모든 책을 읽었다.

3) 대명사 **ba'zi**는 전체의 부분을 나타낼 때 사용된다.

    Hamma ishladi; ba'zi talabalar suv tashishdi, ba'zilar g'isht terishdi.

    모두가 일했다; 어떤 학생들을 물을 나르고, 어떤 사람들은 벽돌을 모았다.

4) 한정 대명사는 명사와 결합하여 쓰일 때 그 기능은 변하지 않는다.

    har qanday kishi

    har qaysi ish

    har bir idora

    hamma xodimlar

    barcha bolalar

6. 否定 대명사(bo'lishsizlik olmoshlari)

  – 부정 대명사는 부정어 **hech**와 함께 쓰이며, 의문 대명사 앞에 위치한다.

hech kim	아무도	hech nima	아무것도
hech qachon	아무때도	hech qaysi	아무(어떤)것도
hech qayerda	아무데도	hech qanday	어떤 경우도

7. 不定 대명사(gumon olmoshlari)

  – 부정 대명사는 다음과 같이 형성된다.

1) 의문 대명사에 접사 **-dir**

    kim**dir**   누군가   nima**dir**   무언가

2) 복수 접미사, 소유 접사, 격조사는 **-dir** 앞에 위치한다.

    kimlar**dir**   nimaga**dir**

    O'qituvchiga kimdir savol berdi.

    선생님께 누군가 질문을 했다.

    Tashqarida kimdir kelganga o'xshaydi.

    밖에 누가 왔나 보다.

Tomog'imga nimadir tiqilib qolganday bo'lyapti.

목에 무언가 걸렸나 보다.

Qandaydir kishi sizni so'rab keldi.

어떤 사람이 당신을 찾아 왔어요.

U qachondir qaytib keladi.

그는 언젠가 돌아 올 거야.

Karim qayergadir ketibdi.

카림은 어디론가 갔더라.

3) 의문 대명사 앞에 접사 **alla-**

allakim	누군가	**allanima**	무언가
allaqanday	어떻게 해서인가	**allaqachon**	언제부터인가
allaqaysi	어떤 것인가		

4) 의문 대명사 앞에 단어 **bir**

bir necha	bir qancha
bir nima	bir narsa

- 만약 **bir**가 qaysi, ba'zi 다음에 쓰이면 이것 또한 부정 대명사의 의미를 가진다.

qaysi bir	어느 것	ba'zi bir	어느 한

- ba'zi, birov, biron 또한 부정의 의미를 나타낸다.

ba'zilar	어떤 이들
birovlar	어떤 이, 누군가

2. 명사[ot]

- 명사는 생물, 무생물, 활동, 상태, 실제적 현상 등을 나타내는 독립어이다.
- 의문사 kim?이나 nima?에 대한 대답이다.

– U kim?	그는 누구입니까?
– U Rustam.	그는 루스땀입니다.
– Kim bilan keldi?	그는 누구와 함께 왔습니까?
– Gulnora bilan keldi.	그는 굴너라와 함께 왔습니다.
– Bu nima?	이것은 무엇입니까?
– Bu kitob.	이것은 책입니다.
– Nimani o'qiding?	너는 무엇을 읽었니?
– Xatni.	편지를.

- 문장에서 주어, 서술어, 수식어, 목적어, 상황어 기능을 한다.

주어 : Talabalar imtihon topshirdilar.

학생들이 시험을 치렀다.

서술어 : Bu yigit – qizlarning hammasi – student.

이 소년–소녀들은 모두 학생이다.

수식어 : Shaharning ko'chalari juda chiroyli.

도시의 거리들은 매우 아름답다.

목적어 : Bu kitobni kutubxonadan oldim.

나는 이 책을 도서관에서 가져왔다.

상황어 : Otam zavodda ishlaydi.

나의 아버지는 공장에서 일하십니다.

- 명사에는 복수 접미사, 격조사, 소유어미 등이 올 수 있다.

1. 명사의 복수

- 명사에 복수형 접미사 –lar(–들)를 붙여 나타낸다.

talaba	talaba**lar**	학생(들)
bola	bola**lar**	아이(들)
kitob	kitob**lar**	책(들)
daftar	daftar**lar**	공책(들)
non	non**lar**	빵(들)
aka	aka**lar**	형(들)
uka	uka**lar**	남동생(들)
opa	opa**lar**	언니, 누나(들)
odam	odam**lar**	사람(들)
gul	gul**lar**	꽃(들)

2. 명사의 격

– 격(格)이란 체언이나 용언에 붙어서 문법적인 구문관계를 나타내는 것으로, 이러한 기능을 가진 문법형태를 격조사라 한다.

– 우즈벡어에는 6격이 있다.

주격	문장에서 주어 역할	ø
소유격	사람이나 사물의 소유	-ning
목적격	문장에서 목적어 역할	-ni / ø
여격	지역, 목적지, 행동의 방향	-ga(-qa,-ka)
처격(장소격)	공간, 시간에서 행동이나 사물의 위치	-da
탈격(시발격)	행동, 시간의 시발점, 근원, 원인, 이유	-dan

1) 주격

– 주격 조사는 존재하지 않는다.

Talaba keldi.　　　　　　　　학생이 왔다.

Olma shirin.　　　　　　　　사과가 맛있다.

2) 소유격 -ning (~의)

* Kimning? '누구의', Nimaning? '무엇의' 등에 사용된다.

Uning onasi bordi.   그(녀)의 어머니는 갔다.

Bu kimning ruchkasi?   이것은 누구의 볼펜입니까?

Otamning ruchkasi.   나의 아버지의 볼펜입니다

Mening ismim Lobar.   나의 이름은 러바르입니다.

3) 목적격 **-ni** (~을/를)

* 목적격은 nimani? '무엇을' kimni? '누구를' qayerni? '어디를'의 질문
  에 대답하는 격이다.

Kitobimni bering!   제 책을 주세요!

Ovqatni yedi.   그(녀)는 음식을 먹었다.

Biz oʻzbek tilini oʻrganyapmiz.   우리는 우즈벡어를 공부하고 있습니다.

Siz sportni yaxshi koʻrasizmi?   당신은 운동을 좋아합니까?

* 목적격은 접미사 **-ni** (~을/를) 유무에 따라 형식적(한정), 비형식적(비한정)으로
  나눈다. 일반적으로 구체적인 대상물에 대해서는 **-ni**를 붙인다. 문장에 따라 목적
  어가 비한정적 의미를 나타낼 때는 목적격 조사를 취하지 않는 경우도 있다.

비형식적 목적격 + ∅

Kecha kitob oʻqidim.   나는 어제 책을 읽었다.

Karim akasiga xat yozdi.   카림은 형에게 편지를 썼다.

Biz choy ichamiz.   우리 차를 마시자.

Anvar kino koʻrdi.   안봐르는 영화를 봤다.

4) 여격 **-ga** (~로, ~에)

여격은 방향을 나타내는 것으로 Qayerga? '어디로', Kimga? '누구에게',
Nimaga? '무엇으로' 등에 사용된다.

Qayerga ketyapsiz?   어디에 가고 있습니까?

Shahar markaziga ketyapman.   도시 중심가에 가고 있습니다.

Uyga ketdi.   그(녀)는 집으로 갔다.

Menga yordam berasizmi?	저에게 도움을 주시겠어요?
Ular bozorga bordi.	그들은 시장에 갔습니다.
Ko'ylakni qanchaga oldingiz?	옷을 얼마에 샀어요?
Kimga beryapsiz?	누구에게 주고 있습니까?
Bolamga beryapman.	제 아이에게 주고 있습니다.
Qachonga kerak?	언제 필요합니까?
Jumaga kerak.	금요일에 필요합니다.

5) 처격(장소격) **-da** (〜에, 에서)

장소격 조사 **-da**는 동작의 때, 시간, 장소를 나타내고 **kimda?** '누구에게', **nimada?** '무엇으로', **qayerda?** '어디에서' **nechada?** '몇 시에' **qachon?** '언제' 등에 사용된다.

Toshkentda yashaymiz.	우리는 타슈켄트에 삽니다.
Soat uchda boramiz.	3시에 갑시다.
Sizda bolalar bormi?	당신에게 자녀들이 있습니까?
A: Kimda qalam bor?	누구에게 연필이 있어요?
B: Menda qalam bor.	나에게 연필이 있어요.
A: Nimada keldingiz?	뭐 타고 왔어요?
B: Avtobusda keldim.	버스 타고 왔어요.
A: Qayerda ishladingiz?	어디에서 일하셨습니까?
B: Bankda ishladim.	은행에서 일했습니다.
A: Qachon uchrashdingiz?	언제 만났습니까?
B: Tushlikda uchrashdim.	점심시간에 만났습니다.

6) 탈격 **-dan** (-에서; -에게서; -로부터; -한테서)

탈격 조사 **-dan**은 동작이나 행동이 비롯하는 곳을 나타내고 **kimdan?** (누구에게서); **nimadan?** (무엇으로부터) **qayerdan** (어디서부터); **qachondan?** (언제부터); **nechadan?** (몇 시부터) 등에 사용된다.

Koreya**dan** keldim.   저는 한국에서 왔습니다.

Soat sakkiz**dan** ishlaymis.   우리는 8시부터 일합니다.

A: Kim**dan** xat oldingiz?   누구한테서 편지를 받았습니까?

B: O'rtog'im**dan** xat oldim.   친구에게서 편지를 받았습니다.

A: Nima**dan** qo'rqdingiz?   무엇 때문에 무서웠어요?

B: Kuchuk**dan** qo'rqdim.   강아지 때문에 무서웠어요.

A: Qayer**dan** keldingiz?   어디서 오셨습니까?

B: Koreya**dan** keldim.   한국에서 왔습니다.

* **–dan** (–부터) **–gacha** (–까지)

Seul**dan** Pusan**gacha** uzoq.

서울에서 부산까지는 멀다.

Ertalab**dan** kechqurun**gacha** kitob o'qidim.

아침부터 저녁까지 책을 읽었습니다.

Toshkent**dan** Qo'qon**gacha** mashinada 4 soatlik yol.

타슈켄트에서 코컨드까지 차로 4시간 걸립니다.

3. 명사의 형성(otlarning yasalishi)

명사, 형용사, 동사에 아래와 같은 어미가 붙어 명사를 형성한다.

–chi : payvandchi, a'lochi, haydovchi.

–dosh : kursdosh, tengdosh, zamondosh.

–kor : binokor, paxtakor, ijodkor.

–soz : metrosozlar, soatsoz, aviasozlar.

–shunos : tovarshunos, adabiyotshunos, san'atshunos.

–kash : suratkash, chizmakash, mehnatkash.

–paz : oshpaz, kabobpaz, somsapaz.

–k(–ik, –ak), –q(–iq, –uq, oq) : tilak, buyruq, og'riq, so'roq.

–gi(–ki, –qi) : supurgi, turtki, chopqi.

    -gich(-kich, -qich, -gʻich) : oʻlchagich, koʻrsatkich, tutqich, oʻchirgʻich.

    -ma : eritma, uyushma, yoʻqlama, qoʻllanma.

    -zor : gulzor, lolazor, bodomzor.

    -xona : qabulxona, oshxona, yotoqxona.

    -iston : guliston, qabriston, oʻzbekiston.

    -lik : tinchlik, bolalik, aniqlik.

    -chilik : paxtachilik, ipakchilik.

- 동사의 명사화는 동사 어간에 명사형 어미 **-(i)sh** (-하는 것/ -하기)를 붙여서 만들어 여러가지 표현에 이용한다.

    ① 해석은 일반적으로 '~하는 것, ~하기'가 된다.

      Yozish '쓰기', **oʻqish** '공부하는 것'.

    ② 지하철, 공항, 역등에서는 **kirish**는 '입구', **chiqish**는 '출구'를 의미한다.

    ③ 위의 형태는 기본적으로 명사의 성격을 가진다. 즉, 동사에서 유래되어 만들어졌지만, 원칙적으로 동사의 성격은 없다. 따라서 일반명사가 가지는 특징을 가진다. 예를 들어, **kirish imtihoni**는 '입학시험', **chekish joyi**는 '흡연구역'이 된다.

    ④ **mumkin**과 함께 사용하여 정중한 허락이나 청원의 의미한다.

      Kirish mumkinmi?   들어가도 됩니까?

      Koʻrish mumkinmi?   보아도 됩니까?

      Chekish mumkinmi?   담배 피워도 됩니까?

- 이 외에도 명사의 형태에 따라 아래와 같이 구분한다.

    ① 합성명사(qoʻsham otlar):

      koʻzoynak, dunyoqarash, yunusobod, toshpoʻlat.

    ② 쌍의명사(juft otlar) :

      ota-ona, asbob-uskuna, opa-singil, urf-odat, meva-cheva.

    ③ 축약명사(qisqartma otlar) :

      ijroqoʻm(ijroiya qoʻmitasi), bmt (birlashgan millatlar tashkiloti)

4. 명사와 소유어미

명사가 수식하는 대상이 누구 혹은 무엇에 속해 있는가를 나타내기 위해 수식되는 명사에 소유어미를 붙인다. 소유어미는 대명사적 소유어미 혹은 대명사적 어미라고도 부른다.

1) 소유어미

단 수	인 칭	복 수
-(i)m	1	-(i)miz
-(i)ng	2	-(i)ngiz
-(s)i	3	-lari

kitobim	나의 책	kitobimiz	우리의 책
kitobing	너의 책	kitobingiz	당신의 책
kitobi	그의 책	kitoblari	그들의 책
otam	나의 아버지	otamiz	우리의 아버지
otang	너의 아버지	otangiz	당신의 아버지
otasi	그의 아버지	otalari	그들의 아버지

2) 소유어미 활용의 예외

명사가 자음으로 끝날 때 소유어미에 매개모음 -i가 첨가된다. 이때 2음절의 어떤 명사에는 소유어미가 오면서 제 2음절의 모음이 탈락된다.

① **o'g'il** 아들

o'g'lim	나의 아들	o'g'limiz	우리의 아들
o'g'ling	너의 아들	o'g'lingiz	당신의 아들
o'g'li	그의 아들	o'g'illari	그들의 아들

* 이와 같은 예는 **og'iz** 입, **burun** 코 단어에서도 동일하게 나타난다.

② **shahar** 도시

shahrim	나의 도시	shahrimiz	우리의 도시
shahring	너의 도시	shahringiz	당신의 도시
shahri	그의 도시	shaharlari	그들의 도시

* **singil** 여동생 단어에서도 나타난다.

③ q, k로 끝나는 명사 다음에 모음으로 시작되는 소유어미가 올 때는 각각 q는 g'로, k는 g로 변한다.

eshik 문

eshigim	나의 문	eshigimiz	우리의 문
eshiging	너의 문	eshigingiz	당신의 문
eshigi	그의 문	eshiklari	그들의 문

o'rtoq 친구

o'rtog'im	나의 친구	o'rtog'imiz	우리의 친구
o'rtog'ing	너의 친구	o'rtog'ingiz	당신의 친구
o'rtog'i	그의 친구	o'rtoqlari	그들의 친구

3) 명사에 **-niki** 어미를 붙여서 소유를 나타낸다.

Karimniki	카림의 것	**talabaniki**	학생의 것
onamniki	나의 어머니의 것	**akamniki**	나의 형의 것

* 이는 의문대명사 *kim*과 인칭대명사에서도 나타난다.

kimniki 누구의 것(집), *meniki* 나의 것, *uniki* 그의 것, *sizniki* 당신의 것.

5. 명사수식법

앞에 오는 명사가 수식어가 되고 다음에 오는 명사가 피수식어가 되어 사용될 때, 이를 명사수식법이라고 한다. 수식명사에 소유격조사 **-ning**과 피수식어에 단수 3인칭 소유어미 **-(s)i**가 붙는데, 소유격 조사의 유무에 따라 다음과 같이 분류된다.

1) 한정적 명사수식법

명사수식법에서 수식명사에 소유격 조사 **-ning**이 붙고, 피수식명사에 단수 3인칭 소유인칭어미 **-(s)i**가 붙는 형태이다. 이 때 수식명사는 피수식명사를 한정적으로 수식하게 되므로 한정적 명사수식법이라고 한다.

수식명사	피수식명사	
maktabning	oldi	학교 앞
arabaning	rangi	자동차의 색
eshikning	qo'li	문 고리(손잡이)

30

2) 비한정적 명사수식법

비한정적 명사수식법은 피수식명사에만 단수 3인칭 소유어미 **-(s)i**만 붙고 수식명
사에는 소유격 조사가 붙지 않는 형태이다.

o'zbek tili   우즈벡어

o'zbek adabiyoti   우즈벡문학

oziq-ovqat do'koni   식료품점

Toshkent shahri   타슈켄트시

uy ishi   집안 일

Ulug'bek ko'chasi   울르그벡 거리

3. 동사[fe'l]

- 하나의 독립된 품사로 사물의 행동이나 상태를 표시하고, 시제, 인칭, 수에 따라 변화한다.
- 동사는 의문사 nima qilmoq? 에 대한 대답이다.
- 동사는 문법적인 범주에 따라 자동사와 타동사, 태, 법, 인칭어미를 가지며, 문장에서 술어 역할을 한다.
- 모든 동사는 -moq의 형태이다(**어간 + moq**).
- 동사의 어간은 거의 변하지 않으며, 어간은 동사의 기본단위이다.

1. 동사의 부정형 (fe'lning noaniq formasi)

- 사전에는 동사의 부정형이 접사 -moq을 가진 형태로 나와 있다.
- 그러므로 -moq으로 끝나는 대부분의 단어는 동사이다.

* 동사의 부정형에서 어간을 알아낼 필요가 있다. 동사의 어간은 독립적으로도 사용되며, 2인칭 단수의 명령형태이다. 동사의 부정형에서 -moq을 제거하면 동사의 어간이 된다.

bormoq(가다) – **bor**(가!)	**yozmoq**(쓰다) – **yoz**(써!)
kelmoq(오다) – **kel**(와!)	**ichmoq**(마시다) – **ich**(마셔!)

어간 + moq

kelmoq	오다	**o'qimoq**	읽다
bormoq	가다	**yozmoq**	쓰다
yashamoq	살다	**ko'rmoq**	보다
yemoq	먹다	**ichmoq**	마시다
ishlamoq	일하다	**boshlamoq**	시작하다
uxlamoq	잠자다	**gapirmoq**	말하다

2. 타동사 자동사(oʻtimli va oʻtimsiz feʻllar)

- 타동사와 자동사는 의미에 따라 구별된다. 기본적인 차이는 동사의 행동이나 표현이 목적어에 대한 관계로 나타난다.
- 타동사는 사물의 행동이나 방향의 의미를 가지고 표시된다. 또 행동의 사물에 대한 변화나 파생을 표시한다. 목적어를 취하는 동사이다.

tilni oʻrganmoq.	언어를 공부하다.
filʻmni koʻrmoq.	영화를 보다.

- 자동사는 공간에서 물리적, 정신적 상태와 동작을 표시한다. 목적어를 취하지 않는다.

uchmoq	날다	kasal boʻlmoq	병들다
turmoq	서다, 거주하다	uxlamoq	잠자다

- 타동사는 목적격에서 사물을 표시하는 명사와 결합되며 직접보어를 가지지만, 자동사는 가질 수 없다.

kitobni oʻqiydi.	그는 책을 읽는다. (타동사)
bola uxlaydi.	아이가 잔다. (자동사)

3. 태(態)[feʻl nisbatlari]

- 태는 주어와 목적어에 대한 관계의 차이를 말한다.
- 우즈벡어에는 5가지의 태가 있다.

1) **능동태(aniq nisbat):** 목적어가 있다. 능동태는 제로(ø)의 지표를 갖는다. 동사에 따른 행동의 주체는 주어를 나타내며, 목적어는 보어를 나타낸다. 이것을 능동의 구조라고 부른다.

Karim xat yozdi.	카림은 편지를 썼다.

2) **재귀태(oʻzlik nisbat):** 행동의 주체가 주어 자신이다. 목적어가 없다. 재귀태는 주어로부터 출발된 행동이 주어에 다시 돌아오는 것을 나타낸다. 동사어간에 접사 –(i)n, 가끔 쓰임–(i)l을 첨가함으로 형성된다.

* 재귀형 접미사와 피동형 접미사 −n의 형태가 같으므로, 문장 속에서 의미에 따라 구별해야 한다. 주어가 없거나 무생물이면 피동형이고, 주어가 사람 혹은 동물이면 재귀형이다.

yuvmoq 〉	yuvinmoq	씻다
kiymoq 〉	kiyinmoq	입다
qiynamoq 〉	qiynalmoq	힘들어(괴로워) 하다

tezda yuvinmoq	빨리(서둘러) 씻다, 빨다
g'orda yashirinmoq	동굴에 숨다
uzoq o'ylanmoq	심려하다, 예상하다
* 비교 : sochiqni yuvmoq	수건을 빨다
sovg'ani yashirmoq	선물을 숨기다
akasini o'ylamoq	그의 형을 생각하다

3) **피동태(majhullik nisbat)** 피동태는 남의 행동을 입어서 행하여지는 동작을 나타내는 동사로 주체가 없고 객체가 주어이다(주어가 물체일 때). 피동태는 주어에 따른 사물이 다른 사물의 행동을 받는 것을 나타내며, 간접적인 보어 역할을 한다. 동사의 어간에 접사 −(i)l을 첨가함으로 형성된다. 만약 동사어간이 l음으로 끝난다면 접시 −(i)n을 첨가한다.

o'qi-moq	읽다 〉	o'qil-moq	읽혀지다
qur-moq	짓다 〉	quril-moq	지어지다
och-moq	열다 〉	ochil-moq	열리다
o'tir-moq	앉다 〉	o'tiril-moq	앉히다, 앉게 하다
ol-moq	가지다 〉	olin-moq	주어지다, 가지게 하다

ko'rmoq '보다' 〉 ko'rinmoq '보이다'
Uzoqda tog' ko'rinyapti.
멀리 산이 보여지고 있다.

boshlamoq '시작하다' 〉 **boshlanmoq** '시작되다'

Imtihonlar boshlandi.

시험이 시작되었다.

maqtamoq '칭찬하다' 〉 **maqtanmoq** '자랑하다'

U har doim maqtanadi.

그는 항상 잘난 척 한다.

bermoq '주다' 〉 **berilmoq** '주어지다'

Masalani yechish uchun 10 daqiqa vaqt berildi.

문제를 풀기 위해 10분이 주어졌다.

ochmoq '열다' 〉 **ochilmoq** '열리다'

Eshik ochilib, Lola kirib keldi.

문이 열리고 럴라가 들어왔다.

4) **상호태(birgalik nisbat)** '서로', '함께'의 의미. 다른 사람과 공동으로 하는 행동의 표현을 나타낸다. 이것은 동사의 어간에 **-ish**를 첨가한다.

boshla-moq 시작하다 〉	boshlash-moq (함께)시작하다
ishla-moq 일하다 〉	ishlash-moq (함께)일하다
ur-moq 싸우다,때리다 〉	urish-moq (서로)싸우다
ko'r-moq 보다 〉	ko'rish-moq (서로)보다
gapir- 말하다 〉	gapirish-moq (서로)말하다
sev- 사랑하다 〉	sevish-moq (서로)사랑하다
bor- 가다 〉	borish-moq (함께)가다

ketmoq '가다' 〉 **ketishmoq** '함께 떠나다'

Ular kecha ketishdi.   그들은 어제 (함께) 떠났다.

boshlamoq '시작하다' 〉 **boshlashmoq** '함께 시작하다'

Birga ish boshlashdan oldin kelishib olaylik.

함께 일을 시작하기 전에 의논합시다.

5) **사동태(orttirma nisbat)** (-하게 하다, -시키다).

사동사는 문장의 주체가 자기 스스로 행하지 않고 남에게 그 행동이나 동작을 하게함을 나타내는 동사이다. 다른 인칭을 통해 주어에 야기된 행동을 나타낸다. 동사어간에 접사 -t, -tir(-dir), -ar, -ir, -giz(-qiz, -gʻiz), -gaz (-kaz, -qaz), -iz, -sat 를 첨가한다.

-ir: t, ch, sh로 끝나는 단음절 동사에 붙는다.

tush- 떨어지다 〉	tushir-	떨어뜨리다
pish- 익다 〉	pishir-	익히다
ich- 마시다 〉	ichir-	마시게 하다
oʻch- 꺼지다 〉	oʻchir-	끄다
bit- 끝나다 〉	bitir-	끝내다

-dir: 단음절 동사에 붙는다.

ye- 먹다 〉	yedir-	먹이다
qoʻy 놓다 〉	qoʻydir-	놓게 하다
yoz- 쓰다 〉	yozdir-	쓰게 하다
bil- 알다 〉	bildir-	알게 하다
qol- 남다 〉	qoldir-	남게 하다
ur- 때리다 〉	urdir-	때리게 하다
oʻl- 죽다 〉	oʻldir-	죽이다
kul- 웃다 〉	kuldir-	웃기다

-tir: - 무성자음으로 끝나는 단모음 동사에 붙는다.

och- 열다 〉	ochtir-	열게 하다
oʻs- 자라다 〉	oʻstir-	자라게 하다, 키우다
cot- 팔다 〉	cottir-	팔게 하다
oʻrnash- 자리잡다 〉	oʻrnashtir-	자리를 잡게 하다

- 유성자음으로 끝나는 단음절, 다(多)음절 동사에 붙는다.

sevin- 기쁘다 〉	sevintir-	기쁘게 하다
choʻmil- 목욕하다 〉	choʻmiltir-	목욕시키다
aylan- 돌다 〉	aylantir-	돌리다, 시동걸다

36

oqar– 희어지다 〉	oqartir–	희게하다
gapir– 말하다 〉	gapirtir–	말하게 하다
kel– 오다 〉	keltir–	데려오다
tushun– 이해하다〉	tushuntir–	이해시키다
rivojlan– 발전하다〉	rivojlantir–	발전시키다
supur– 쓸다 〉	supurtir–	쓸게하다

–t: 모음으로 끝나는 다(多)음절 동사에 붙는다.

o'qi– 읽다 〉	o'qit–	가르치다, 읽게 하다
boyi– 부해지다 〉	boyit–	풍부하게 하다
uxla– 자다 〉	uxlat–	재우다
achi– 시다 〉	achit–	시게 만들다
qayna– 끓다 〉	qaynat–	끓이다

–it: 모음이나 r, q, y 자음 뒤에 붙는다.

kir– 들어가다 〉	kirit–	도입하다, 이끌다
qo'rq– 놀라다 〉	qo'rqit–	놀라게 하다

–gaz/–kaz/–qaz: 모음이나 유성자음 뒤에는 **–g'az/–gaz**가 붙고 무성자음 뒤에는 **–kaz**가 붙는다.

ot– 지나다 〉	otkaz–	지나가게 하다, 보내다
ko'r– 보다 〉	ko'rgaz–	보여주다
to'y– 가득 차다 〉	to'yg'az–	가득 채우다

–qiz/–g'iz, –kiz/–giz: 모음이나 유성자음 뒤에는 **–g'iz/–giz**가 붙고 무성자음 뒤에는 **–qiz/–kiz**가 붙는다.

yot– 눕다 〉	yotqiz–	눕히다, 재우다
o'tir– 앉다 〉	o'tirg'iz–	앉게 하다
kir– 들어가다 〉	kirgiz–	들이다, 들어가게 하다
ye– 먹다 〉	yegiz–	먹이다
kiy– 입다 〉	kiygiz–	입히다
tur– 서다 〉	turgiz–	세우다
yur– 걷다 〉	yurgiz–	걷게 하다

이미 사동형 접미사가 붙은 후에 다시 사동형 접미사 **-tir**를 붙이기도 하는데 이는 제 3의 인물에게 일을 시키는 사동의 의미를 강화시키는 의미가 있다.

o'qit- 〉	o'qittir-	가르치게 하다(시키다)
o'chir- 〉	o'chirtir-	끄게 시키다
o'rgat- 〉	o'rgattir-	가르치게 하다
yotqiz- 〉	yotqiz**dir**-	자게 하다

yemoq '먹다' 〉 **yedirmoq** '먹이다'

cho'milmoq '목욕하다' 〉 **cho'miltirmoq** '목욕시키다'

Ona bolasini cho'miltirdi. Keyin unga ovqat yedirdi.

엄마는 아기를 목욕시켰다. 후에 그에게 음식을 먹였다.

ichmoq '마시다' 〉 **ichirmoq** '마시게 하다'

U o'rtog'iga pivo ichirdi.

그는 친구에게 맥주를 마시게 했다.

o'tmoq '지나다' 〉 **o'tkazmoq** '지나가게 하다'

Otani yoldan o'tkazib qo'y.

아버지를 길에서 비켜드려.

O'tkazib yuboring, keyingi bekatda tushaman.

비켜주시겠어요, 저는 다음 역에서 내릴 것입니다.

Ko'rsatuvni o'tkazib yuboribman.

방송을 놓쳤어.

emmoq '젖을 먹다' 〉 **emizmoq** '젖을 먹이다'

Bolani emizib, uxlatdi.

아기에게 젖을 먹여 재웠다.

o'qimoq '공부하다' 〉 **o'qitmoq** '가르치다'

Men hozir boshlang'ich maktab o'quvchilarini o'qityapman.

저는 지금 초등학생들을 가르치고 있습니다.

kirmoq '들어가다' 〉 **kirgizmoq** '들이다'

Xo'jayin hech kimni uyga kirgizma deganlar.

주인께서 아무도 집 안으로 들이지 말라고 하셨습니다.

koʻrmoq '보다' > koʻrsatmoq '보여주다'

Ana u koʻylakni koʻrsatib yuboring.

저 옷을 좀 보여 주세요.

4. 동사의 형성(feʼllarning yasalishi)

– 동사는 두가지 방법으로 형성된다; 형태론상의 방법, 조사론상의 방법

– 형태론상의 방법(morfologik usul) : 명사, 형용사, 수사, 대명사, 부사, 감탄사, 의성어로부터 접사와 결합하여 동사로 쓰여진다.

1) 접사 **-la** : 명사, 형용사, 부사, 의성어와 결합한다.

tuz(소금)	**tuzlamoq**	소금치다
oq(흰)	**oqlamoq**	희게하다
sekin(천천히)	**sekinlamoq**	천천히하다
shivir(속삭이는 소리)	**shivirlamoq**	속삭이다

2) 접사 **-a** : 명사, 형용사, 의성어와 결합한다.

osh(전통음식)	**oshamoq**	먹다
boʻsh(자유로운, 빈)	**boʻshamoq**	자유로와지다
guldur(천둥소리)	**gulduramoq**	울리다, 천둥치다

3) 접사 **-y(ay)** : 명사, 형용사, 부사와 결합한다.

kuch(힘, 권력)	**kuchaymoq**	강하게되다, 증대되다
qora(검은)	**qoraymoq**	검게되다
koʻp(많이)	**koʻpaymoq**	많아지다

4) 접사 **-(a)r** : 형용사와 결합한다.

eski(오래된, 낡은)	**eskirmoq**	낡다, 해어지다
oq(흰)	**oqarmoq**	희게되다, 희게보이다

5) 접사 **-ik(-iq)** : 명사와 결합한다.

kech(늦음)	**kechikmoq**	늦다, 늦어지다

6) 접사 **-ir** : 명사와 결합한다.

    gap(말)   gap**ir**moq   말하다

7) 접사 **-sira** : 명사, 형용사, 대명사와 결합한다.

    suv(물)   suv**sira**moq   목마르다
    yot(낯선, 외국의)   yot**sira**moq   서먹서먹하다, 피하다
    sen(너)   sen**sira**moq   말을 걸다, 호소하다

8) 접사 **-i** : 명사, 형용사와 결합한다.

    chang(먼지)   chang**i**moq   먼지 투성이가되다
    tinch(평화로운)   tinch**i**moq   평안해지다, 진정하다

9) 접사 **-sa** : 명사와 결합한다.

    suv(물)   suv**sa**moq   목마르다, 갈증나다

10) 접사 **-lan, -lash** : 명사, 수사와 결합한다.

    gap(말, 대화)   gap**lash**moq   대화하다
    ikki(둘, 2)   ikki**lan**moq   갈등하다, 흔들리다

5. 동사의 시제 범주(fe'llarning zamon kategoriyasi)

  - 동사의 시제는 크게 세 시제가 있다.

1) 현재시제(hozirgi zamon fe'li)

   - 현재-미래시제(hozirgi kelasi zamon fe'li)

   - 현재진행시제(hozirgi zamon davom fe'li)

2) 미래시제(kelasi zamon fe'li)

   - 미래시제(kelasi zamon fe'li)

   - 의도형 미래시제(kelasi zamon maqsad fe'li)

3) 과거시제(oʻtgan zamon feʼli)

- 가시적 과거시제(aniq oʻtgan zamon feʼli)

- 현재완료시제(yaqin oʻtgan zamon feʼli)

- 과거완료시제(uzoq oʻtgan zamon feʼli)

- 과거진행시제(oʻtgan zamon davom feʼli)

- 의도형 과거시제(oʻtgan zamon maqsad feʼli)

4. 동사의 시제[fe'larning zamoni]

– 현재시제에는 현재–미래시제(hozirgi kelasi zamon fe'li)와 현재진행시제
  (hozirgi zamon davom fe'li) 두형태가 있다.

– 과거시제에는 가시적 과거시제(aniq o'tgan zamon fe'li), 현재완료시제(yaqin
  o'tgan zamon fe'li), 과거완료시제(uzoq o'tgan zamon fe'li), 과거진행시제(o'tgan
  zamon davom fe'li), 의도형 과거시제(o'tgan zamon maqsad fe'li)가 있다.

– 미래시제에는 미래시제(kelasi zamon fe'li)와 의도형 미래시제(kelasi zamon
  maqsad fe'li)가 있다.

1. 현재시제(Hozirgi zamon fe'li)

1) 현재–미래시제(Hozirgi kelasi zamon fe'li)

– 일반적인 사실이나 습관적인 행동을 나타내거나 불변의 진리를 나타낼 때 사용한다.
  미래에 일어날 행동이나 활동을 나타낼 때도 사용되며 미래의 의미를 가진다.

a. 긍정형(bo'lishli shakl): **동사어간 + a/y + 제 2형 인칭어미**

  * 동사어간이 자음으로 끝나면 **-a-**, 모음으로 끝나면 **-y-**가 붙는다.
  (-man,-san,-di/-miz,-siz,-dilar) 편의상 이를 제 2형 인칭어미라 한다.

단수	인칭	복수
yoz+a+man	1	yoz+a+miz
yoz+a+san	2	yoz+a+siz
yoz+a+di	3	yoz+a+di(lar)

b. 부정형(bo'lishsiz shakl): **동사어간 + ma + y +제 2형 인칭어미**

yoz+ma+y+man	1	yoz+ma+y+miz
yoz+ma+y+san	2	yoz+ma+y+siz
yoz+ma+y+di	3	yoz+ma+y+di(lar)

Sen qayerda ishlaysan?	너 어디에서 일하니?
Men maktabda ishlayman.	나는 학교에서 일한다.
Sen shu yerda ishlaysanmi?	너 여기에서 일하니?
Yoʻq, bu yerda ishlamayman.	아니, 여기에서 일하지 않아.
Karim Oʻzbekistonda yashaydi.	카림은 우즈베키스탄에서 산다.
Lobar koʻp uxlaydi.	러바르는 많이 잔다.
Ertalab soat 7 da turaman.	나는 아침 7시에 일어난다.
Ertaga kutubxonaga boraman.	내일은 도서관에 갈 것이다.
Yozda Koreyaga ketasizmi?	여름에 한국에 갈 것입니까?
Yakshanba kuni mehmon keladi.	일요일에 손님이 올 것이다.

2) 현재진행시제(Hozirgi zamon davom fe'li)
  – 현재 진행되고 있는 시제를 나타내며 두 가지 형태가 있다.
  ① 현재 시점에서 진행되고 있는 동작이나 상태를 나타낸다.

   a. 긍정형: **동사어간 + yap + 제 2형 인칭어미**

단수	인칭	복수
yoz+yap+man	1	yoz+yap+miz
yoz+yap+san	2	yoz+yap+siz
yoz+yap+ti	3	yoz+yap+ti(lar)

   * 3인칭 -di가 -ti로 바뀐다.

   b. 부정형: **동사어간 + yap + ma +제 2형 인칭어미**

yoz+ma+yap+man	1	yoz+ma+yap+miz
yoz+ma+yap+san	2	yoz+ma+yap+siz
yoz+ma+yap+ti	3	yoz+ma+yap+ti(lar)

  ② 과거와 현재, 미래에의 연속적이고 계속적인 행동이나 상태를 나타내며, 구어체에서는 거의 사용되지 않으며 문어체에서 사용된다. 부정형은 사용되지 않는다.

a. 긍정형 : **동사어간 + moqda + 제 1형 인칭어미**

bor+moqda+man	1	bor+moqda+miz	
bor+moqda+san	2	bor+moqda+siz	
bor+moqda	3	bor+moqda+(lar)	

* 아래의 형태를 가지는 네 개의 동사가 쓰일 경우도 현재진행시제의 상태를 나타낸다.
이는 과거서술시제와 구분해야 한다.

a. 긍정형: **동사어간 + (i)b + 제 2형 인칭어미**

		man
oʻtir(앉다)		san
yur(걷다)	+ ib +	di
yot(눕다)		miz
tur(서다)		siz
		di(lar)

2. 미래시제(kelasi zamon feʼli)

1) 미래가능시제(**kelasi zamon gumon feʼli**)

- 이 형태는 미래에 가능한 행동이나 알려지지 않은 활동을 나타낼 때 사용된다. 이것
  은 행동의 가능성에 있어, 화자가 불확실한 표현을 할 때 사용된다.
- '(아마도)~할 것이다' 의 의미를 가진다.

a. 긍정형: **동사어간 + (a)r + 제 1형 인칭어미**

단수	인칭	복수
yoz+ar+man	1	yoz+ar+miz
yoz+ar+san	2	yoz+ar+siz
yoz+ar	3	yoz+ar(lar)

b. 부정형: **동사어간 + mas + 제 1형 인칭어미**

yoz+mas+man	1	yoz+mas+miz
yoz+mas+san	2	yoz+mas+siz
yoz+mas	3	yoz+mas+(lar)

2) 의도형 미래시제(kelasi zamon maqsad fe'li)

– 이 형태는 미래에의 소망, 의도, 의지를 나타내는 행동, 활동을 나타낸다.

– '~할 생각(의도, 계획)이다, ~하려고 하다'의 의미를 가진다.

a. 긍정형: **동사어간 + moqchi + 제 1형 인칭어미**

단수	인칭	복수
yoz+moqchi+man	1	yoz+moqchi+miz
yoz+moqchi+san	2	yoz+moqchi+siz
yoz+moqchi	3	yoz+moqchi+(lar)

b. 부정형: **동사어간 + moqchi emas +제 1형 인칭어미**

yoz+moqchi emas+man	1	yoz+moqchi emas+miz
yoz+moqchi emas+san	2	yoz+moqchi emas+siz
yoz+moqchi emas	3	yoz+moqchi emas+(lar)

* 부정문 emas는 어떤 사실을 부정하는 뜻을 나타낸다. 일반적으로 체언 다음에 오며, 가끔 용언 뒤에 오는 경우도 있다. 인칭어미는 항상 emas 다음에 붙는다.

A: Bugun kechqurun nima qilmoqchisiz?

오늘 저녁에 무엇을 하려고 하십니까?

B: Kino ko'rmoqchiman.

영화를 보려고 합니다.

A: Ertaga nima kiymoqchisiz?

내일은 무엇을 입으려고 하십니까?

B: Shim kiymoqchiman.

바지를 입으려고 합니다.

– Anvar, bugun qayerga bormoqchisan?

안봐르, 오늘 어디에 갈 생각(계획)이니?

- Buvimlarnikiga bormoqchiman.

  할머니댁에 갈 생각이야.

- Ularnikida nima qilasan?

  그분댁에서 무엇을 할거니?

- Akam bilan buvimning uylarini tozalab bermoqchiman.

  형과 할머니의 집을 깨끗하게 해 드릴 생각이야.

Men yozmoqchi emasman.	나는 적을 의도가 없다.
Ular ko'rmoqchi emaslar.	그들은 볼 의도가 없다.
Siz bormoqchi emassiz.	당신은 갈 생각이 없습니다.
Sen eshitmoqchi emassan.	너는 들을 생각이 없구나.
U kelmoqchi emas.	그는 오려고 하지 않는다.
Men uni ko'rmoqchi emasman.	나는 그녀를 보고 싶지 않다.
Biz sotmoqchi emasmiz.	우리는 팔 생각이 없다.

3. 과거시제(o'tgan zamon fe'li)

1) 가시적 과거시제(aniq o'tgan zamon fe'li)

   a. 긍정형: **동사어간 + di + 제 3형 인칭어미***

   * *(-m,-ng,--/-k,-ngiz,-lar)* 편의상 제 3형 인칭어미라 한다.

단수	인칭	복수
yoz+di+m	1	yoz+di+k
yoz+di+ng	2	yoz+di+ngiz
yoz+di	3	yoz+di+(lar)

   b. 부정형: **동사어간 + ma + di + 제 3형 인칭어미**

ko'r+ma+di+m	1	ko'r+ma+di+k
ko'r+ma+di+ng	2	ko'r+ma+di+ngiz
ko'r+ma+di	3	ko'r+ma+di+(lar)

Sen uy vazifasini bajardingmi?

너는 숙제를 했니?

Ha, bajardim. oʻzing-chi?

그래, 했어. 너는 (했니)?

Men mashqni tushunmadim.

나는 연습문제를 이해 못했어.

Anvar, zavodga bordingmi?

안봐르, 공장에 갔었니?

Ha, ustamiz olib bordilar.

예, 선생님이 데리고 갔어요.

U yerda nima qilding?

거기에서 무엇을 했니?

Ishchilar bilan uchrashdik.

근로자(노동자)들과 만났어요.

Bugun qor yogʻmadi.

오늘은 눈이 내리지 않았습니다.

Ertalab nonushta qilmadim.

나는 아침을 먹지 않았습니다.

Biz sut ichmadik.

우리는 우유를 마시지 않았습니다.

U Seuldan kelmadi.

그는 서울에서 오지 않았습니다.

2) 현재완료시제(yaqin oʻtgan zamon feʻli)

a. 긍정형: **동사어간 + gan + 제 1형 인칭어미**

단수	인칭	복수
yoz+gan+man	1	yoz+gan+miz
yoz+gan+san	2	yoz+gan+siz
yoz+gan	3	yoz+gan+(lar)

b. 부정형: 세 가지 형태가 있다.

: 동사어간 + ma + gan + 제 1형 인칭어미

yoz+ma+gan+man	1		yoz+ma+gan+miz
yoz+ma+gan+san	2		yoz+ma+gan+siz
yoz+ma+gan	3		yoz+ma+gan+(lar)

: 동사어간 + gan emas + 제 1형 인칭어미

yozgan emas+man	1		yozgan emas+miz
yozgan emas+san	2		yozgan emas+siz
yozgan emas	3		yozgan emas+(lar)

: 동사어간 + gan + 소유어미* + yoʻq

* (−im,−ing,−i/−imiz,−ingiz,−lari)

yoz+gan+im yoʻq	1		yoz+gan+imiz yoʻq
yoz+gan+ing yoʻq	2		yoz+gan+ingiz yoʻq
yoz+gan+i yoʻq	3		yoz+gan(lar)i yoʻq

3) 과거반복–연속시제(oʻtgan zamon davom feʼli)

– 과거의 습관적, 반복적, 연속적인 행동을 나타낸다.

① 습관적과거

a. 긍정형: **동사어간 + (a)r edi + 제 3형 인칭어미**

단수	인칭	복수
kel+ar edi+m	1	kel+ar edi+k
kel+ar edi+ng	2	kel+ar edi+ngiz
kel+ar edi	3	kel+ar edi+(lar)

b. 부정형: **동사어간 + mas edi + 제 3형 인칭어미**

kel+mas edi+m	1	kel+mas edi+k
kel+mas edi+ng	2	kel+mas edi+ngiz
kel+mas edi	3	kel+mas edi+(lar)

② 과거진행(연속)

　　a. 긍정형: **동사어간 + (a)yotgan edi + 제 3형 인칭어미**

kel+ayotgan edi+m	1	kel+ayotgan edi+k
kel+ayotgan edi+ng	2	kel+ayotgan edi+ngiz
kel+ayotgan edi	3	kel+ayotgan edi+(lar)

　　b. 부정형: **동사어간 + ma + yotgan edi + 제 3형 인칭어미**

kel+ma+yotgan edi+m	1	kel+ma+yotgan edi+k
kel+ma+yotgan edi+ng	2	kel+ma+yotgan edi+ngiz
kel+ma+yotgan edi	3	kelmayotgan edi+(lar)

4) 과거완료시제(uzoq oʻtgan zamon feʼli)

– 동사어간에 과거형 어미 –gan/–kan/–qan 그리고 과거형 접미동사 edi에 인칭어미
를 붙여서 나타낸다.

　　a. 긍정형: **동사어간 +gan/kan/qan edi + 제 3형 인칭어미**

단수	인칭	복수
bor+gan edi+m	1	bor+gan edi+k
bor+gan edi+ng	2	bor+gan edi+ngiz
bor+gan edi	3	bor+gan edi+(lar)

　　b. 부정형: **동사어간 +ma+ gan/kan/qan edi + 제 3형 인칭어미**

bor+ma+gan edi+m	1	bor+ma+gan edi+k
bor+ma+gan edi+ng	2	bor+ma+gan edi+ngiz
bor+ma+gan edi	3	bor+ma+gan edi+(lar)

① 동사어간이 k로 끝났을 경우 –kan edi가 붙는다.

　　U bir necha marta sigaret chek**kan edi.**

　　그는 담배를 몇 번 피웠었다.

② 동사어간이 **g'** 또한 **q**로 끝났을 경우 **–qan edi**가 붙는다.

O'tgan yili yomg'ir ko'p yoqqan edi.

작년에는 비가 많이 내렸었다.

U yoshligida ko'zoynak taqqan edi.

그는 어릴 때 안경을 썼었다.

– 이 형태는 과거의 사건 내용이 현재와 비교하여 다르다든지 단절되어 있다고 생각
될 때 흔히 쓰인다. 의미는 '–었었–'가 된다.

1966 yilda Toshkentda kuchli zilzila bo'lgan edi.

1966년 타슈켄트에서는 대지진이 있었었다.

1994 yilda men Andijonga borgan edim.

1994년에 나는 안디전에 갔었었다.

– 뒷절에서 어떤 일을 설명하거나, 묻거나, 시키거나, 제안하기 위하여 그 대상과 상
관되는 상황을 미리 말할 때에 사용한다. 한국어로 번역을 하면 '–었는데'가 된다.

Televizor ko'rib o'tirgan edim, telefon jiringlab qoldi.

내가 텔레비전을 보고 있었는데, 전화벨이 울렸다.

Men kecha senikiga borgan edim, yo'q ekansan.

내가 어제 너의 집에 갔었는데, 너는 없었다.

5) 과거서술시제(**o'tgan zamon hikoya fe'li**)

– 과거에 순간적인 행동, 돌발적으로 발생한 행동을 나타낼때 사용되며, 직접보지 못
하고 들은 사건이나 추측을 나타내며, 이야기나 서술적인 형태에서 많이 쓰인다.

– 부정형은 존재하지 않는다.

　　a. 긍정형: **동사어간 + (i)b + 제 2형 인칭어미**

단수	인칭	복수
yoz+ib+man	1	yoz+ib+miz
yoz+ib+san	2	yoz+ib+siz
yoz+ib+di	3	yoz+ib+di(lar)

6) 의도형 과거시제(oʻtgan zamon maqsad feʻli)

- 이 형태는 회상을 통한 순간적으로 희망했던 행동, 활동의 실행치 못함을 나타낼 때 사용한다.

- 동사 어간에 의도형 미래시제어미 –moqchi 과거형 접미동사 edi를 붙여서 만든다. 인칭어미는 제 3형을 사용한다.

    a. 긍정형: **동사어간 + moqchi edi + 제 3형 인칭어미**

단수	인칭	복수
ol+moqchi edi+m	1	ol+moqchi edi+k
ol+moqchi edi+ng	2	ol+moqchi edi+ngiz
ol+moqchi edi	3	ol+moqchi edi+(lar)

    b. 부정형: **동사어간 + moqchi emas edi + 제 3형 인칭어미**

ol+moqchi emas edi+m	1	ol+moqchi emas edi+k
ol+moqchi emas edi+ng	2	ol+moqchi emas edi+ngiz
ol+moqchi emas edi	3	ol+moqchi emas edi+(lar)

- 동사 어간에 의도형 미래시제어미 **–moqchi** 과거형태의 **boʻldi**를 붙여서 만든다. 인칭어미는 제 3형을 사용한다. 이 형태는 긍정형만 존재한다.

    a. 긍정형: **동사어간 + moqchi boʻldi + 제 3형 인칭어미**

ket+moqchi boʻldi+m	1	ket+moqchi boʻldi+k
ket+moqchi boʻldi+ng	2	ket+moqchi boʻldi+ngiz
ket+moqchi boʻldi	3	ket+moqchi boʻldi+(lar)

- –moqchi edi는 과거에 하고 싶었던 것을 표현할 때 사용된다.

    Hisob ochtir**moqchi edim.**

    계좌를 개설하고 싶었는데요.

    Siz bilan uchrash**moqchi edim.**

    나는 당신을 만나고 싶었는데요.

- –moqchi edi는 과거에 하고 싶었던 것을 이루지 못하고 시간이 지난 뒤 현재의 시점에서 화자의 의지를 회상할 때도 사용한다.

> Pul olmoqchi edim, hisob daftarchamni uyda qoldirib kelibman.
> 돈을 찾으려고 했는데, 통장을 집에 놔두고 왔네요.
> Ukamning tug'ilgan kuniga sovg'a olmoqchi edim, pulim tugab qoldi.
> 동생 생일에 선물을 사려고 했는데, 돈을 다 써버렸어요.

7) 과거시제의 기타표현: **–(a)yotgan ekan**
- 이미 들어서 아는 사실을 확인하여 다시 물을 때 쓰인다.
- 화자가 이미 알고 있는 것을 객관화하여 청자에게 일러줌을 나타낸다. 자음으로 끝나는 동사 어간 뒤에 **(a)+yotgan ekan**, 모음으로 끝나는 동사 어간 뒤에 **yotgan ekan(~한다면서요)**이 온다.

> a. 긍정형: **동사어간 + (a)yotgan ekan + 제 1형 인칭어미**
> O'zbekcha o'rganayotgan ekansiz?
> 당신은 우즈벡어를 배운다면서요?
> Karim firmada ishlayotgan ekanmi?
> 카림은 회사에서 일한다면서요?
> Abror uyda dars qilayotgan ekan.
> 압러르는 집에서 공부한다면서요.
> Nodira bog'chaga borayotgan ekan.
> 너드라가 유치원에 다닌다면서요.

> b. 부정형: **동사어간 + ma + yotgan ekan + 제 1형 인칭어미**
> **(~지 않는다면서요)**
> Rustam yaxshi o'qimayotgan ekan.
> 루스탐은 공부를 잘 안한다면서요.

Siz darsga kirmayotgan ekansiz.

당신은 수업에 안들어갔다면서요.

Lola ishga chiqmayotgan ekanmi?

럴라는 일하러 나가지 않는다면서요?

Sen uyga bormayotgan ekansanmi?

너는 집에 안들어갔다면서?

Darsmiz bo'lmayotgan ekanmi?

수업이 없다면서요?

5. 동사의 법 (fe'l mayllari)

– 행위자에 대한 행동이나 상태의 관계를 나타낼 때 사용된다. 명령법(buyruq-istak mayli), 조건법(shart mayli), 가능법(ijro mayli) 세 가지 형태가 있다.

1. 명령법(buyruq-istak mayli)*

* 문장의 의미에 따라 청유법이라고도 한다.

– 명령형 종결 어미 –(i)ng은 존칭을 사용할 때 쓰며 정중한 명령이나 권유를 나타낸다. 자음으로 끝나는 동사 뒤에 –ing, 모음으로 끝나는 동사 뒤에 –ng을 붙인다. 명령·청유의 대표적 형태는 –gin으로 편한 사이나 아래 사람에게 말할 때 쓰인다.
– 1인칭과 2인칭에서 자음으로 끝나는 동사의 어간에 각각 매개모음 **a**와 **i**가 첨가되며, 모음으로 끝나는 1인칭에서는 **y**가 첨가된다.
– 긍정형과 부정형이 있다.

    1) 긍정형: **동사어간 + a/y + 명령형 어미**

단수	인칭	복수
yozay	1	yozaylik
yoz, yozgin	2	yozing, yozingiz
yozsin	3	yozsin(lar)
o'qiy	1	o'qiylik
o'qi, o'qigin	2	o'qing, o'qingiz
o'qisin	3	o'qisin(lar)

Bugun bandman, ertaga uchrashaylik.
오늘 바쁩니다. 내일 만납시다.
Manzara chiroyli ekan, rasmga tushaylik.
경치가 좋습니다. 사진을 찍읍시다.

A: Imtihon tugagandan keyin nima qilaylik?

시험이 끝난 후에 뭘 할까요?

B: Qittak qittak qilaylik.

술이나 한잔 합시다.

A: Lolalarnikiga qachon boraylik?

럴라의 집에 언제 갈까요?

B: Ertaga boraylik.

내일 갑시다.

Kechqurun birga ovqatlanaylikmi?

저녁에 같이 식사할까요?

Ertaga uchrashaylikmi?

내일 만날까요?

Keyinroq telefon qilaymi?

내가 조금 후에 전화할까요?

Derazani ozgina ochib qo'yaymi?

창문을 조금 열어 놓을까요?

2) 부정형: **동사어간 + ma + (y) + 명령형 어미**

단수	인칭	복수
yozmay	1	yozmaylik
yozma, yozmagin	2	yozmang, yozmangiz
yozmasin	3	yozmasin(lar)
o'qimay	1	o'qimaylik
o'qima, o'qimagin	2	o'qimang, o'qimangiz
o'qimasin	3	o'qimasin(lar)

Havo sovuq ekan, teatrga bormaylik.

날씨가 춥습니다. 극장에 가지 맙시다.

Bugun charchadim, mashq qilmaylik.

오늘은 피곤합니다. 운동하지 맙시다.

Taksiga chiqmaylik.

택시를 타지 맙시다.

2. 조건법(shart mayli)*

* 조건법 혹은 가정법이라고 한다.

- 어떠한 일정한 조건하에 소원하거나 가능성 있는 행동이나 상태, 실행 등을 표현할 때 나타낸다. 일반적으로 두 가지 형태가 쓰인다.

- 조건법은 동사 어간 뒤에 조건형 어미 **-sa**를 붙여서 만든다. 인칭어미는 제 3형을 사용한다. 조건형 어미 **-sa** 뒤에 꼭 ',' 를 적어야 한다.

  1) 미래: 동사어간에 **sa**와 인칭어미를 첨가함으로 나타낸다.

    a. 긍정문: **동사어간 + sa +제 3형 인칭어미**

단수	인칭	복수
bor+sa+m	1	bor+sa+k
bor+sa+ng	2	bor+sa+ngiz
bor+sa	3	bor+sa+(lar)

    b. 부정문: **동사어간 + ma + sa + 제 3형 인칭어미**

bor+ma+sa+m	1	bor+ma+sa+k
bor+ma+sa+ng	2	bor+ma+sa+ngiz
bor+ma+sa	3	bor+ma+sa+(lar)

U kechqurun uyga kelmasa, xavotir olmang.

그가 저녁에 집에 오지 않는다면 걱정 마세요.

Dori ichib ham yaxshi bo'lmasangiz, kasalxonaga borib ko'ring

약을 먹었는데도 좋아지지 않는다면 병원에 가 보세요.

* 이 형태는 종종 **kerak, bo'ladi** 등의 단어와 함께 사용하는 경우가 있다. 이 때는 확실한 행동, 확실한 행동의 가능성을 나타낼 때 사용된다.

Borsa kerak.	틀림없이 갈 것이다.
O'qisa kerak.	반드시 읽을 것이다.
Bilsa bo'ladi.	알 수 있다, 아마 알 것이다.
Kelsa bo'ladi.	올 수 있다, 아마 올 것이다.

2) 과거: 형동사와 동사 **bo'lmoq**의 결합으로 나타낼 수 있다. 이 형태는 행동의 실행이 끝났거나 계속되고 있는 가능성이나 가정을 나타낼 때 사용한다.

a. 긍정형: **동사어간 + gan bo'l + sa + 제 3형 인칭어미**

단수	인칭	복수
ko'r+gan bo'l+sa+m	1	ko'r+gan bo'l+sa+k
ko'r+gan bo'l+sa+ng	2	ko'r+gan bo'l+sa+ngiz
ko'r+gan bo'l+sa	3	ko'r+gan bo'l+sa+(lar)

b. 부정형: **동사어간 + ma + gan bo'l + sa + 제 3형 인칭어미**

ko'r+ma+gan bo'l+sa+m	1	ko'r+ma+gan bo'l+sa+k
ko'r+ma+gan bo'l+sa+ng	2	ko'r+ma+gan bo'l+sa+ngiz
ko'r+ma+gan bo'l+sa	3	ko'r+ma+gan bo'l+sa+(lar)

– 조건형 어미 **–sa**는 여러 가지 의미를 지니기 때문에 문장에 따라 해석을 달리 한다. 대표적인 예는 다음과 같다.

① 일반적으로 분명한 사실이나 상태를 어떤 일에 대한 조건으로 말할 때 쓰인다.

Bahor kelsa, gullar ochiladi.

봄이 오면 꽃이 핀다.

Kimki astoydil ishlasa, muvaffaqiyatga erishadi.

누구나 부지런히 일하면 성공한다.

② 불확실하거나 아직 이루어지지 않은 사실을 가정하여 말할 때 쓰인다.

Yomg'ir yog'sa, dalaga chiqmaymiz.

비가 오면 우리는 밭에 나가지 않을 것입니다.

Bu ko'ylak katta bo'lsa, akangga ber.

이 옷이 크면 형에게 주렴.

U kelsa, biz dam olamiz.

그가 오면, 휴식합시다.

③ 현실과 다른 사실을 가정하여 나타낸다. 현실이 그렇게 되기를 희망하거나 그렇지
않음을 아쉬워하는 뜻을 나타낸다.

Qor yog'sa, yaxshi bo'lar edi.

눈이 오면 좋았을 텐데.

Uchrashuv qoldirilsa, uyda dam olar edim.

약속이 취소되면 집에서 쉴 수 있었을 텐데.

* –gan...da (–았/–었/였더라면) / magan...da (않았더라면)

이 형태는 동사어간 + gan + 인칭어미 + 처격 조사 –da로 구성된다. 현실과 다른
사실을 가정하여 나타내며, 현실이 그렇게 되기를 희망하거나 그렇지 않음을 애석해하
는 뜻을 나타낸다.

Ozgina hushyor bo'lganda, falokat yuz bermas edi.

조금만 조심했더라면, 사고를 내지 않았었을 텐데.

Bugun tug'ilgan kuninigligini bilganimda, kichkina bo'lsa ham sovg'a
tayyorlagan bo'lar edim.

오늘이 너의 생일인 줄 내가 알았더라면, 작은 선물이라도 준비했었을 텐데.

U odam menga yordam bermaganda, juda qiynalgan bo'lar edim.

그 사람이 나를 도와주지 않았더라면, 굉장히 고생했었을 거예요.

Aytmaganingizda, muddati o'tib ketgan sutni ichib yuborar ekanman.

당신이 나에게 말해주지 않았더라면, 날짜가 지난 우유를 마실 뻔했었어요.

3. 직설법(ijro mayli)

– 직설법은 세 시제로부터의 한 시제 가운데 일어난 행동을 나타내며, 명령법이나 조건법
과 다른 점은 일어난 행동이나 일어나고 있는, 일어날 실제적인 행동을 나타낸다.
그래서 현재(hozirgi), 과거(oʻtgan), 미래(kelasi)의 세 시제를 갖는다.

  – **Quyosh chiqdi.**　　　　　　　해가 떴다.
  – **Quyosh chiqyapti.**　　　　　　해가 뜨고 있다.
  – **Quyosh chiqadi.**　　　　　　　해가 뜰 것이다.

6. 형동사 (Sifatdosh)

- 형동사는 동사의 형태를 가지고 있어 동사의 범주에 속하지만 사전적 의미로 볼 때 형용사에 가깝다. 동사는 주어의 행동을 규정하고 보어 역할을 하지만 (Karim **o'qidi** 카림은 읽었다.) 형동사는 한정어로서 수식어 역할을 한다(**O'qigan** Karim. 읽은 카림).
- 형동사는 문장에서 명사와 함께 주어, 수식어, 보어 역할을 한다.

    주 어: Seulgan **kelganlar** dam olyaptilar.

           서울에서 온 사람들은 휴식하고 있다.

    수식어: Gazetada **yozilgan** hikoyani o'qidim.

           나는 신문에 쓰여진 이야기를 읽었다.

- 형동사는 시제와 태를 가지는 동사와 같이 변화한다.

    시 제: **o'qigan** bola   읽은 아이(과거시제)

            o'qiyotgan bola   읽고 있는 아이(현재진행시제)

      태: **yozgan** student   쓴 학생(능동태)

            yozilgan xat   쓰여진 편지(피동태)

1. 과거시제 형동사

- 과거시제 형동사는 동사어간에 **-gan / kan / qan** 접사를 첨가한다.
- 긍정형과 부정형이 있다.

    1) 긍정형: **동사어간 + gan / kan / qan**

      o'qigan bola   읽은 아이

      ekkan daraxt   심은 나무

    2) 부정형: **동사어간 + ma + gan**

      kelmagan student   오지 않은 학생

      yozmagan student   쓰지 않은 학생

2. 현재시제 형동사

– 동사어간이 자음으로 끝나는 경우 **a** 를 붙이고 접사 **–yotgan**을 첨가한다.
– 긍정형과 부정형이 있다.

    1) 긍정형: **동사어간 + (a) + yotgan**

kelayotgan avtobus	오고 있는 버스
ishlayotgan odam	일하고 있는 사람
sakrayotgan bola	뛰고(jump) 있는 아이

    2) 부정형: **동사어간 + ma +yotgan**

ishlamayotgan odam	일하고 있지 않은 사람
sakramayotgan bola	뛰고 있지 않은 아이

3. 현재–미래시제 형동사

– 동사어간이 자음으로 끝나면 **a**, 모음으로 끝나면 **y**를 붙이고 접사 **–digan**을 첨가한다.
– 긍정형과 부정형이 있다.

    1) 긍정형: **동사어간 + a/y + digan**

ishlaydigan ishchi	일하는(일할) 일꾼
biladigan student	아는(알게 될) 학생

    2)부정형: **동사어간 + ma + y + digan**

ishlamaydigan ishchi	일하지 않게 될 일꾼
bilmaydigan student	모르는 학생

4. 미래시제 형동사

– 동사어간에 접사 **–(a)r**를 첨가한다.
– 부정형은 동사어간에 **–mas**를 첨가한다. 이 형태는 현대 우즈벡어에서 자주 사용되지는 않는다.

1) 긍정형: **동사어간 + (a)r***

*동사어간이 자음으로 끝날 경우에는 **ar**를, 모음으로 끝날 경우에는 **r**를 붙인다.

kelar student	오게 될 학생
oʻqir student	읽게 될 학생

2) 부정형: **동사어간 + mas**

kelmas	오지 않게 될
ishlamas	일하지 않게 될

7. 부동사 (Ravishdosh)

- 부동사는 동사의 형태를 가지고 있지만 인칭, 수, 시제와는 상관없고 의미적으로 부사의 역할을 수행한다.
- 부동사의 형성은 두 가지가 있다. 첫 번째는 동사어간에 접사 **-(i)b, a/y**를 첨가하여 만들고, 두 번째는 **-gali, -guncha, -gach**를 첨가하여 만든다.

1. -(i)b 형태의 부동사

- 동사어간에 접사 **-(i)b***을 첨가한다.
  ** 동사의 어간이 자음으로 끝날 경우 **-ib**을 모음으로 끝날 경우 **-b**을 붙인다.*
- 긍정형과 부정형이 있다.
- 부동사의 부정형은 동사어간에 부정접사 **-may** 나 **-masdan**을 붙여 나타낸다.

1) 긍정형: **동사어간 + -(i)b**

yozib	쓰고(쓴 후에)
ishlab	일하고(일한 후에)

U oʻylab-oʻylab ishladi.
그는 생각하고 생각하여 일했다.
Oʻsha tuflini sotib yuboribdi.
그 구두를 팔아 버렸다.
Mana bu shimni koʻrsatib yuboring.
이 바지를 좀 보여 주세요.
Mashinani toʻxtatib yuboring.
자동차를 세워 주세요.
Ovqatni yeb koʻr.
음식을 좀 먹어 봐.
Men ham bir marta borib koʻrganman.
나도 한 번 가 보았어요.

Ertaga koʻrgani borishimni aytib qoʻying.

내일 찾아뵙겠다고 말해 놓으세요.

Eski gazetalarni bogʻlab qoʻydim.

날짜가 지난 신문을 묶어 두었어요.

Hozir xat yozib oʻtiribdi.

지금 편지를 쓰고 앉아 있다.

Shahlo ovqat yeb oʻtiribdi.

샤흘러가 밥을 먹고 있다.

2) 부정형: **동사어간 + -may/-masdan**

oʻqimay   읽지 않고

yozmasdan   쓰지 않고

Karim ertalab nonushta qil**masdan** maktabga bordi.

카림은 아침에 식사를 하지 않고 학교에 갔다.

U ayt**may** uyga ketdi.

그는 말하지 않고 집으로 갔다.

2. a/y 형태의 부동사

- 부동사는 동사어간에 **a/y**를 첨가하여 나타내기도 하는데, 이 때는 행동의 반복이나
  연속표시를 위한 강조시에 사용된다.

    Karim yugura-yugura charchadi.

    카림은 달리고 달려 피곤했다.

- 부동사는 문장에서 상황어, 보어에서 보조어 역할을 한다.

    U oʻylay-oʻylay uydan chiqib ketdi.

    그는 생각하고 생각하여 집에서 나가 버렸다.

    Nodira oʻzbek tilida xat yoza oladi.

    너드라는 우즈벡어로 편지를 쓸 수 있다.

3. 이외의 부동사 -gali (~후에), -guncha/kuncha/quncha (~때까지), -gach/kach/qach (~하자, ~후에)

- 고대 우즈벡어나 현대 우즈벡어의 방언에서 시간, 때를 나타낼 때 사용된다.

bor**gali**	온 지(후)
bil**guncha**	알게 될 때까지
ek**kuncha**	심을 때까지
yoq**quncha**	불을 지필 때까지
kel**gach**	오자마자, 온 후에

Cen kelgali toʻrt-besh yil boʻldi.

네가 온 지 4-5년이 되었다.

Yaxshiliklaringni oʻlguncha unutmayman.

너의 선행을 죽을 때까지 잊지 않을 것이다.

Anvar nomi aytilgach, suhbatga yana jon kirdi.

안봐르 이름이 말하여지자, 대화가 다시 활기를 찾았다.

Ergash kelgach, biz dars tayyorlashga oʻtirdik.

에르가쉬가 오자, 우리는 수업을 준비하기 위해 앉았다.

Yomgʻir yoqqach, hovlidan uyga kirdik.

비가 오자, 우리는 마당에서 집으로 들어갔다.

4. 부동사의 기능

- 부동사는 문장에서 다음과 같은 기능을 한다.

상황어: Student savolga oʻylab, toʻgʻri javob berdi.

학생은 질문을 생각하고(나서), 정확한 대답을 하였다.

복합동사: Men uning adresini daftarimga yozib oldim.

나는 그의 주소를 공책에 적어 놓았다.

종속문의 서술어:

Shu payt eshik ochilib, hovliga harbiycha kiyingan bir yigit kirib keldi.

이때 문이 열리고, 마당에 군복차림의 한 젊은이가 들어왔다.

8. 형용사 (sifat)

– 의문 대명사 **qanday? qanaqa? qaysi?** 에 대한 대답으로 사물이나 생물의 특징, 상태, 형태, 성질, 색상, 사물의 특징을 다른 사물과의 관계 등을 나타낸다. 형용사는 체언 앞에서 꾸며주는 관형어의 역할과 문장 주체의 성질이나 상태를 나타내는 서술어의 역할을 한다.

1. 형용사의 종류

1) 기술 형용사

– 사물의 상태, 형태, 성질, 색상 등을 나타낸다.

ogʻir	무거운	achchiq	매운
qisqa	짧은	uzun	긴
yaxshi	좋은	yomon	나쁜
kichik	작은	katta	큰
oq	흰	qora	검은
koʻk	파란	qizil	빨간

2) 상대(비교) 형용사

– 사물의 특징을 하나의 다른 사물에 대한 관계를 통해 나타낸다.

hozirgi	현재의	hozirgi oʻzbek tili	현대의 우즈벡어
kechagi	어제의	kechagi ish	어제의 일

3) 지시 형용사

– **bu**(이), **u**(그), **shu**(저; 이), **ushbu**(바로 이) 등이 있다. 지시 대명사와 형태가 같기 때문에 문장에서 구분해야 한다. 지시 형용사는 명사와 함께 사용되며 격조사나 소유어미가 붙지 않는다.

Bu bino baland.	이 건물은 높다.
U kitob yaxshi.	그 책은 좋다.
Shu rasm chiroyli.	저 그림은 아름답다.

4) 파생 형용사

- 대부분의 형용사는 접사(접두사, 접미사)의 도움으로 형성된 파생 형용사이다.

① 접미사에 의한 형용사

-li: sutli(우유의, 우유가 섞인), kuchli(힘의, 힘이 센, 강한)
bulutli(구름 낀; 구름이 많은), aqlli(지혜로운, 똑똑한)
soqolli(턱수염이 있는)

-siz: xevfsiz(위험하지 않은), suvsiz(물이 없는), vijdonsiz(양심 없는)

-chan: uyatchan(부끄러워 하는), ishchan(일을 좋아하는)
talabchan(까다로운, 요구가 많은)

-gi -ki -qi: yozgi(여름의), qishki(겨울의), tashqi(밖의, 외부의)

-k(-ik), -q(iq): kesik(잘라 낸, 절단한), iliq(따뜻한, 친절한)
pedagogik(교육의, 교육학의)

-choq, -chan, -chiq: kuyunchak(질투심이 강한), maqtanchoq(교만한)
sirpanchiq(반들반들한)

-iy: ilmiy(학문의), ommaviy(공개의, 공중의), oilaviy(가족의, 가족적인)

-dor: ohangdor(선율의, 선율이 아름다운), samarador(효과 있는)
rangdor(투명한, 산뜻한)

-g'in, -qin: qizg'in(급격한, 사나운, 폭풍 같은), ozg'in(마른, 홀쭉한)
jo'shqin(높은, 고상한)

② 접두사에 의한 형용사

skr-: skrsuv(물이 많은), skrunum(유익한, 풍부한)
skrquyosh(태양의, 일광의)

be-: befoida(유익 없는), befarq(차이 없는), bepul(돈이 없는, 공짜로)

no-: noto'g'ri(틀린, 맞지 않는), notekis(불균형의, 울퉁불퉁한)
noo'rin(부적당한)

2. 형용사의 역할

1) 관형어 역할

yangi kitob	새 책	**yangi** bino	새 건물
keng hovli	넓은 마당	**keng** xona	넓은 방
chiroyli qiz	아름다운 여자		

2) 서술어의 역할

Bu odam **yaxshi.**	이 사람은 좋다.
Shu qiz **chiroyli.**	저 여자는 아름답다.
U **yosh.**	그는 젊다.

3. 형용사의 급(sifat darajalari)

1) 원급

– 이 형태는 다른 사물에 관계없이 사물의 구체적인 특징을 나타내는 형용사의 기본
형태이다.

yangi	새로운, 신선한
eski	오래된, 낡은
toza	깨끗한
yaxshi	좋은

2) 비교급

– 다른 사물과 비교하여 대소, 다소, 고저, 원근, 강약 등을 나타내는 형용사로 원급
에 접사 **-roq**을 첨가한다.

비교급: 원급(원형) + roq

baland	높은	baland**roq**	더 높은
yangi	새로운	yangi**roq**	더 새로운
yaxshi	좋은	yaxshi**roq**	더 좋은
katta	큰	katta**roq**	더 큰
yosh	젊은	yosh**roq**	더 젊은

Havo kechagidan sovuqroq.

날씨가 어제보다 더 춥습니다.

Bu qiz o'rtog'idan chiroyliroq.

이 소녀는 그녀의 친구보다 더 예쁩니다.

– 비교급은 문장에서 비교대상이 되는 명사에 탈격조사 –dan을 사용하여 나타낼 수
  도 있는데 이 경우에는 원형을 쓸 수도 있다.

Toshkent Buxorodan katta.

타쉬켄트는 부허라보다 크다.

– 실제로 회화에서 비교급은 **qaraganda, nisbatan, ko'ra**(~와 비교하여, ~보
  다) 등의 단어와 함께 쓰인다. 일반적으로 후치사 ko'ra는 탈격 조사 –dan 뒤에,
  후치사 qaraganda와 nisbatan은 여격 조사 –ga 뒤에 온다.

O'qish ishga qaraganda oson.

공부하는 것은 일하는 것보다 쉽다.

Po'lat temirga nisbatan qattiq.

강철은 철보다 단단하다.

Anvar azizdan ko'ra yosh.

안봐르는 아지즈보다 젊다.

Olmadan ko'ra nok shirinroq.

사과보다 배가 더 맛있습니다.

Seulning maydoniga qaraganda aholisi ko'proq.

서울은 면적에 비해서 인구가 많습니다.

Farg'ona Toshkentga nisbatan kichikroq.

페르가나는 타쉬켄트에 비해서 작습니다.

– 이 외에도 sal, bir oz(조금), yana, yanada(더, 그 밖에) 등의 단어들을 사용하여
  쓰기도 한다.

sal uzun – uzunroq.	조금 긴 – 더 긴.
bir oz qorong'i – qorong'iroq.	조금 어두운 – 더 어두운.
yanada yaxshiroq.	더(그 밖에) 좋은.

3) 최상급

– 최상급은 eng; juda; juda ham 형용사 원형으로 나타난다. eng은 여럿 가운데 어느 것보다 뛰어날 때 '가장'의 의미를 가진다. 그리고 juda는 보통 정도보다 '훨씬 더, 매우'의 의미를 가진다. 다른 사물과 비교하여 최고의 상태를 나타낼 때 사용한다. 몇 가지 형태가 있다.

① 최상급 : eng / juda / juda ham + 원급

eng baland	가장 높은
eng yaxshi	가장 좋은
eng yosh	가장 젊은
juda baland	매우 높은
juda yaxshi	매우 좋은
juda yosh	매우 젊은
juda ham baland	매우 높은
juda ham yaxshi	매우 좋은
juda ham yosh	매우 젊은

② 원급을 반복하여 사용한다. 이 때는 탈격을 사용한다.

uzundan-uzun	아주 먼
qo'poldan-qo'pol	매우 무례한, 버릇없는

③ 원급을 반복하는 경우에 있어서, 첫 음절만 반복하면서 p이나 m음을 첨가하여 사용한다. 이 경우는 색의 강함을 나타낼 때 많이 쓰인다.

qora(검은)	qop-qora
sariq(노란)	sap-sariq
toza(깨끗한)	top-toza
qizil(빨간)	qip-qizil
ko'k(파란)	ko'm-ko'k

70

Eng baland tog'.

가장 높은 산.

Dunyoda **eng** katta baliq akuladir.

세상에서 가장 큰 물고기는 상어이다.

Lola **juda** chiroyli qiz.

럴라는 매우 아름다운 아가씨입니다.

Karim **juda** yaxshi yigit.

카림은 매우 좋은 젊은이이다.

9. 부사 (ravish)

- 시간, 장소, 원인, 방법이나 특징의 표시를 나타낸다. 형태론적 방법과 통사론적 방법 두 가지 방법으로 나타낸다.

1. **형태론적 방법의 부사** : 접사의 도움으로 사용된다.

   1) **-cha**: 명사, 현용사, 대명사와 결합하여 사용한다.

   do'stlar**cha**

   eski**cha**

   sizingiz**cha**

   shun**cha***

   * 이 경우에는 예외적으로 *shu*에 **-n-**이 첨가된다.

   o'zbek**cha**

   yugurgani**cha**

   yangi**cha**

   2) **-chasiga**: 명사, 형용사와 결합하여 사용한다.

   qahramon**chasiga**

   dehkon**chasiga**

   eski**chasiga**

   3) **-dek -day**(~같은, 같이): 명사, 형용사, 대명사와 결합하여 사용한다.

   tosh**day**

   kechagi**dek**

   kattalar**dek**

   sen**day**

   qush**day**

   tuxum**day**

   barmoq**day**

sizdek

birday

4) -lab(~쯤, 넘는, 정도): 명사, 형용사와 결합하여 사용되며 양의 부사로 사용된다.

paqirlab

tonnalab

ko'plab

qoplab

yaxshilab

to'g'irlab

so'mkalab

5) -ona: 명사, 형용사와 결합하여 사용한다.

kamtarona

fidokorona

xalqona

do'stona

6) -an: 명사, 형용사와 결합하여 사용한다.

qisman

majburan

asosan

tamoman

7) -siz(~없는, 없이): 명사, 형용사와 결합하여 사용한다.

cheksiz

tinimsiz

to'xtovsiz

pulsiz

8) –larcha: 명사, 형용사와 결합하여 사용한다.

o'rtoqlarcha

qahramonlarcha

beparvolarcha

otalarcha

9) –ligicha: 형용사, 부사와 결합하여 사용한다.

butunligicha

ozligicha

xomligicha

issiqligicha

2. 통사론적 방법의 부사

1) 시간, 장소의 의미를 가진 단어 또는 의문대명사와 **har, hech, bir** 등의 단어가 합성된 형태로 나타낸다.

har vaqt	har zamon
hech qachon	bir oz
bir vaqt	bir kun

2) 한 단어를 반복함으로 나타낸다.

ko'p	ko'p-ko'p
kam	kam-kam
takror	takror-takror
qayta	qayta-qayta
tez	tez-tez

3) 반의어를 상대적으로 반복함으로 나타낸다.

erta-kuch	kecha-kunduz
qishin-yozin	past-baland

4) 의미상에 따라 구분하기도 한다.

① 행동, 방식의 부사(holat ravishi)

asta	qisman
sekin	zo'rg'a
tez	majburan
jim	faol
birdan	yonma-yon
bittalab	qahramonlarcha
ketma-ket	yangicha
ravshan	do'stona
piyoda	ochiq
birga	

② 시간의 부사(payt ravishi)

hozir, endi	erta, ertaga
keyin, so'ng	indin, indinga
avval, oldin, ilgari	kecha
hali, hanuz	ertalab
hamisha	tushda
har kuni	kechqurun
kuni bilan	o'tmishda
bugun	allaqachon
yildan-yilga	

③ 장소의 부사(o'rin ravishi)

oldinda	bu yerda, bunda
uzoqda	u yerda
yaqinda	shu yerga, bu yerga
yuqoriga	bu yerdan, shu yerdan

pastda   u yerdan

quyida   har yerda, hamma yerda

nari, narida   allaqayerda

balandda   allaqayerga

tepada   allaqayerdan

④ 양, 급의 부사(miqdor-darajaravishlari):

의문사 Qanday darajada? (어느 정도)에 대한 대답으로 사용된다.

kam   oz

sal   koʻp

birpas   juda

hech   gʻoyat

10. 수사(son)

- qancha? necha? nechta? nechanchi?의 대답으로 사물의 수나 양, 순서를 나타낸다.
- 크게 개수사(sanoq sonlar)와 서수사(tartib sonlar)가 있다.
- 그 외에 개수를 나타내는 수사, 분수, 구분할 때와 근사치를 나타낼 때 사용하는 수사가 있다.

1. 기수(sanoq sonlar)*

  * 이를 개수사라고도 한다.

  - 사물의 수나 양을 나타내며 qancha? necha?의 대답을 나타낼 때 쓰인다.

일단위(birliklar)	십단위(o'nliklar)	백단위(yuzlik)
1-bir	10-o'n	100-yuz(bir yuz)
2-ikki	20-yigirma	200-ikki yuz
3-uch	30-o'ttiz	300-uch yuz
4-to'rt	40-qirq	400-to'rt yuz
5-besh	50-ellik	500-besh yuz
6-olti	60-oltmish	600-olti yuz
7-yetti	70-yetmish	700-yetti yuz
8-sakkiz	80-sakson	800-sakkiz yuz
9-to'qqiz	90-to'qson	900-to'qqiz yuz
11-o'n bir	91-to'qson bir	901-to'qqiz yuz bir
12-o'n ikki	92-to'qson ikki	902-to'qqiz yuz ikki
.	.	.
.	.	.
19-o'n to'qqiz	99-to'qson to'qqiz	999-to'qqiz yuz to'qson to'qqiz
		1000-ming

ikki bola	두 아이	oʻn yil	10 년
uch pahlavon	세 명의 선수	oʻn olti soʻm	16 솜
besh barmoq	다섯 손가락	ikki hafta	2 주

Mening telefon nomerim 133-45-29

(bir yuz oʻttiz uch - qirq besh - yigirma toʻqqiz).

제 전화 번호는 133-45-29입니다.

2. 서수사(tartib sonlar)

- 개수사에 접사 **-(i)nchi***

   * *모음으로 끝난 기수 -nchi   ikki + nchi 〉 ikkinchi 두 번째*

   자음으로 끝난 기수 -inchi   bir +inchi 〉 birinchi 첫 번째

- **nechanchi?** 의 대답으로 -번째의 의미를 가진다.

1-bir**inchi**	10-oʻninchi	100-yuz(bir yuz)inchi
2-ikkinchi	20-yigirmanchi	200-ikki yuzinchi
3-uchinchi	30-oʻttizinchi	300-uch yuzinchi
4-toʻrtinchi	40-qirqinchi	400-toʻrt yuzinchi
5-beshinchi	50-ellikinchi	500-besh yuzinchi
6-oltinchi	60-oltmishinchi	600-olti yuzinchi
7-yettinchi	70-yetmishinchi	700-yetti yuzinchi
8-sakkizinchi	80-saksoninchi	800-sakkiz yuzinchi
9-toʻqqizinchi	90-toʻqsoninchi	900-toʻqqiz yuzinchi
		1000-minginchi

A: Bugun necha**nchi** chislo?	오늘은 몇 월 몇일입니까?
B: Bugun 10 (oʻn**inchi**) aprel.	오늘은 4월 10일입니다.
A: Necha**nchi** avtobusga chiqasiz?	몇 번 버스를 타십니까?
B: 7-(yett**inchi**) avtobusga chiqaman.	7번 버스를 탑니다.

3. 개수를 나타내는 수사(dona sonlar)

- 기수(개수사)에 접사 **-ta**를 붙여 나타낸다.
- **nechta?**의 대답으로 뜻은 뒤에 나오는 사물에 따라 개, 마리, 병, 권 등을 나타낸다.
  단, bir는 예외로 birta가 아닌 bitta이다.

bit+ta	bitta guldon	한 개의 꽃병
besh+ta	beshta kitob	다섯권의 책
oʻn ikki+ta	oʻn ikkita kosa	열 두 개의 그릇
yuz ellik besh+ta	yuz ellik beshta oila	백 오십 다섯 가정

- 사물에 따른 단위를 나타내는 단어가 함께 쓰일 때는 개수사 만을 쓴다.

ikki kilo olma	2kg의 사과
uch juft paypoq	3 켤레의 양말(스타킹)

4. 분수(kasr sonlar)

- 분모를 먼저 분자를 나중에 나타낸다.
- 분모는 탈격으로 나타낸다.
- 대분수는 **butun**이라는 단어와 함께 나타낸다.

4/5	besh**dan** toʻrt
1/9	toʻqqiz**dan** bir
25/4	olti **butun** toʻrt**dan** bir
17/3	besh **butun** uch**dan** ikki
2.5	ikki **butun** oʻn**dan** besh
1.8	bir **butun** oʻn**dan** sakkiz

5. 구분(분리)할 때 나타내는 수(taqsim sonlar)

- 할당, 분배나 배당할 때 나타낸다.
- 개수를 나타내는 수사에 접사 - 를 붙여 나타내거나, 반복하여 나타낸다.

  기수 + ta + dan

ikki**ta**dan	ikkita-ikkita	두 개씩(둘씩)

| beshtadan | beshta-beshta | 다섯 개씩(다섯씩) |
| oltitadan | oltita-oltita | 여섯 개씩(여섯씩) |

6. 근사치의 수사(chama sonlar)

– 대략적인 수치를 나타낼 때 사용한다.

– 개수사에 접사 **-tacha, -larcha, -lab** 등을 붙여 나타낸다.

uch yuz**tacha**	삼 백 (개) 정도
yuz**lab**	백 (개) 정도
besh ming**larcha**	오천 (개) 정도
O'n**tacha** kitob bor.	열 권 정도의 책이 있다.

7. 분류사

– 분류사는 수량사와 함께 양화 구성을 이룬다. **Bir dona olma** '사과 한 개' 이 예에서 **dona** '개'는 분류사, **bir** '하나'는 수량사이다. 우즈벡어에서 분류사는 명사 앞에 오는 것이 일반적이다.

Besh**ta** kitob	책 다섯 권
Ikki**ta** mushuk	고양이 두 마리
Ikki **bosh** qo'y	양 두 마리
Bir **bosh** karam	배추 한 포기
Bir **qultum** suv	물 한 모금
O'n **tup** daraxt	나무 열 그루
Bir **kosa** ovqat	밥 한 그릇
Bir **piyola** choy	차 한 잔
Bir **shisha** pivo	맥주 한 병
Bir **juft** tufli	구두 한 켤레
Bir **varaq** qog'oz	종이 한 장
Bir **burda** non	빵 한 조각
Bir **shingil** uzum	포도 한 송이
Bir **siqim** un	밀가루 한 움큼

11. 후치사(ko'makchilar)

- 기본 후치사(asl ko'makchilar), 명사 후치사(ot ko'makchilar), 동사 후치사 (fe'l ko'makchilar) 등이 있다.

1. 기본 후치사(asl ko'makchilar)

bilan	uchun
kabi	singari
sari	uzra
sayin	yanglig'
qadar	

- Bugun Saidov **bilan** suhbatlashdim.

  오늘 싸이돕과 함께 대화했다.

- Mehmonlar **uchun** dasturxon yozildi.

  손님들을 위하여 식탁보가 놓여졌다.

- Qog'oz **kabi** yupqa.

  종이 같이 가늘다.

- 후치사 bilan은 다양한 의미를 나타낸다. 예를 들면 다음과 같다.

  ① 둘 이상의 사물을 같은 자격으로 이어 준다.

  It **bilan** mushuk.   개와 고양이.

  ② 일 따위를 함께 함을 나타낸다.

  Kecha o'rtoqlarim **bilan** futbol o'ynadim.

  어제는 친구들과 축구를 했다.

  ③ 어떤 일의 수단-도구를 나타낸다.

  Mevani pichoq **bilan** arch.

  과일을 칼로 깎아라.

  ④ 명사형 접미사 **-(i)sh** + 소유어미의 형태가 bilan과 연결되면, '하자마자'의 의미를 나타낸다.

81

Dars tugashi **bilan** uyga ketaman.

수업이 끝나자마자 집으로 간다.

2. 명사 후치사(ot ko'makchi)

avval	ilgari
burun	keyin
so'ng	tamon
tashqari	beri
buyon	qarshi
sababli	tufayli
bo'yicha	orqali
boshqa	doir
asosan	binoan
muvofiq	

* 후치사로 쓰이는 명사(ko'makchi otlar)

우즈벡어에서 방향과 위치를 나타내는 어휘: past 밑, ich 안; 속, ichkari 안,

tashqari 밖, yon 옆, ust(위), ost, tag 아래, old 앞, orqa 뒤, o'rta 중간, yon 옆,

ora 사이, tomon 방향, ro'para 맞은편, to'g'ri 정면 등이 있다.

이러한 단어 다음에는 상황에 따라 격조사가 함께 쓰여 후치사로 사용된다.

위치 어휘 + 소유격 인칭어미 -(s)i + -ga(-로) / -da / -dan

ost			ostiga(-da, -dan)
ust		ga	ustiga (-da, -dan)
old	+ i +	da	oldiga(-da, -dan)
ich		dan	ichiga(-da, -dan)
yon			yoniga(-da, -dan)
tepa			tepasiga(-da, -dan)
yuza		ga	yuzasiga(-da, -dan)

o'rta	+ si +	da	o'rtasiga(-da, -dan)
orqa		dan	orqasiga(-da, -dan)
ora			orasiga(-da, -dan)

A: Ruchka qayerda?　　　　　　　볼펜은 어디에 있습니까?

B: Sumkamning ichida.　　　　　　내 가방 안에 있습니다.

A: Oshxona qayerda?　　　　　　　식당은 어디에 있습니까?

B: Bozorning oldida.　　　　　　　시장 앞에 있습니다.

A: Guldon qayerda?　　　　　　　꽃병은 어디 있어요?

B: Stolning ustida.　　　　　　　책상 위에 있어요.

A: Telefon qayerda?　　　　　　　전화는 어디 있어요?

B: Televizorning yonida.　　　　　텔레비전의 옆에요.

A: Bank qayerda?　　　　　　　　은행은 어디 있어요?

B: Universitetning orqasida.　　　　대학교 뒤에 있어요.

A: Mushuk qayerda?　　　　　　　고양이는 어디 있어요?

B: Divannig tagida.　　　　　　　소파 밑에요.

A: Mehmonxona qayerda?　　　　　호텔은 어디 있어요?

B: Muzeyning ro'parasida.　　　　　박물관 맞은편에 있어요.

3. 동사 후치사(fe'l ko'makchilar)

ko'ra	yarasha
qarab	qaraganda
qaramay	qaramasdan
boshlab	tortib
bo'ylab.	

- 그 외에 haqida(〜에 관하여), to'g'risida(〜에 관하여), xususida(〜대하여)와 같
  은 단어들이 자주 쓰인다.

Karim bugun Turkiya **haqida** gapiryapti.

카림은 오늘 터키에 관하여 말하고 있다.

Biz ish **xususida(haqida)** maslahatlashib oldik.

우리는 업무에 관하여 협의했다.

Nima **toʻgʻrisida** oʻylayapsan?

무엇에 대하여 생각하니?

Kitob oʻzbeklarning hayoti **haqida** ekan.

책은 우즈벡 사람들의 삶에 관한 것이다.

12. 접속사(bogʻlovchilar)

–동위접속사(teng bogʻlovchilar)와 연결접속사(ergashtiruvchi bogʻlovchilar)가 있다.

yoki(또는, 혹은)	yo(또는)
ham(~도, 또한)	biroq(그러나, 아직)
va(와, 과)	chunki(왜냐하면)

1. 동위 접속사(teng bogʻlovchilar)

1) 연결접속사(biriktiruvchi bogʻlovchilar)

   va, hamda, bilan, ham, –da, –u(–yu)

2) 반전접속사(zidlovchi bogʻlovchilar)

   ammo, lekin, biroq, balki

3) 분할접속사(ayiruv bogʻlovchilar)

   yo, yoki, yohud, goh, goho, dam, bir, baʼzan

Ruchka **va** qalam.

볼펜과 연필.

Limon **va** mandarinda C vitamini koʻp.

레몬과 귤에는 비타민C가 많다.

Men kecha kitob, daftar **va** qalam sotib oldim.

나는 어제 책, 공책 그리고 연필을 샀습니다.

Dushanba **yoki** chorshanba kuni keling.

월요일 또는 수요일에 오십시오.

Qora **yoki** koʻk ruchka ishlating.

검정색 또는 파란색 볼펜을 사용하십시오.

Lola ertalab sut **yoki** choy ichadi.

롤라는 아침에 우유나 차를 마신다.

O‘rtog‘imning tug‘ilgan kuniga gul **yoki** kitob sovg‘a qilaman.

친구 생일에 꽃이나 책을 선물합니다.

Ota-onamga xat yozaman **yoki** telefon qilaman.

부모님께 편지를 쓰거나, 또는 전화를 합니다.

Yakshanba kuni o‘rtog‘im bilan uchrashaman **yoki** tennis o‘ynayman.

일요일에 친구를 만나거나 테니스를 친다.

Eshik ochildi **va** o‘qituvchimiz xonaga kirib keldi.

문이 열리고 우리 선생님이 교실로 들어오셨다.

U o‘zbek tilini yaxshi biladi, **ammo** sen uncha yaxshi bilmaysan.

그 분은 우즈벡어를 잘 안다, 그러나 너는 그다지 잘 모른다.

Ba’zan biz ularnikiga borar edik, **ba’zan** ular biznikiga kelar edilar.

때때로 우리는 그 분 댁에 가곤 했다, 때론 그 분은 우리 집에 오시곤 했다.

2. 연결 접속사(ergashtiruvchi bog‘lovchilar)

1) chunki(왜냐하면), shuning uchun(이런 이유로)

2) agar(만약), agarda(만약에), basharti(만약 ~라면, 조건이라면), garchi(비록
   ~일지라도)

3) go‘yo(미치 ~같이, 마치) = go‘yoki

4) ya’ni(즉), -ki/-kim(~하기로는)

Hunar o‘rgan, **chunki** hunarda sir ko‘p.

기술(직업)을 배워라, 왜냐하면 기술에는 비밀이 많다.

Garchi qizi ishga kech qolayotgan bo‘lsa **ham**, Zulfiya hola uni
ancha gapga soldi.

만약 여자아이가 일에 늦도록 남아있는다 해도 줄피아 아주머니는 그를 매우 야단친다.

Shogird zavq bilan ishlardi, **go‘yo** yonida ustozi turgandek edi.

제자가 기쁨으로 일한다, 마치 옆에 스승이 있는 것처럼.

Sizni ertadan keyin, **yaʼni** dushanba kuni, ishda kutaman.

당신을 내일 이후에, 즉 월요일에 직장에서 기다릴께.

13. 보조사 (yuklamalar)

– 문장의 상황에 따라 구분할 수 있다.

1. 의문, 놀람의 보조사(so'roq va taajjub yuklamalari)

– -mi, -chi, -a, -ya

– 대부분 의문형이나 문장의 마지막에 사용된다. 의문형 어미 -mi, -chi는 항상 대화 가운데서만 사용된다.

– 감탄의 의미에서도 사용된다.

Seni kutay**mi**?

너를 기다릴까?

Qani yaqinroq kel-**chi**.

어디 더 가까이 와 보렴.

Juda chiroyli gul ekan-**a**.

매우 아름다운 꽃이구나.

Bu yer yaxhshi-**a**?

여기가 좋잖니?

Manzara haqiqatan chiroyli ekan-**a**!

경치가 참 아름답구나!

– -**chi**는 첫 번째 질문을 하고 난 다음에 사용하여 그 다음 질문 내용을 생략한다.

A: Sigaret bormi?   담배 있니?

B: Ha, bor.   응, 있어.

A: Gugurt-**chi**?   성냥은 (있어)?

B: Yoq, gugurt yo'q.   아니, 성냥은 없어.

2. 강조, 강함의 보조사(ta'kid va kuchaytiruv yuklamalari)

– -ku, -u, -yu, -da, hatto, hattoki, ham, -oq(yoq), -ki, axir, nahotki

– 감탄이나 확인, 강조의 차원에서 사용된다.

Sizga aytdim-**ku**.

당신에게 말씀드렸잖아요.

Hatto menga **ham** koʻrsatdi.

내게 조차 보여주었다.

Bolaning koʻzi **ham**, burni **ham** chiroyli.

아기는 눈도 코도 다 예쁘다.

Axir menga quloq sol.

내게 귀 기울려봐(말 좀 들어봐).

Nimaga bunaqa kech qolding? Oʻynab kelibsan-**da**?

왜 이렇게 늦었니? 놀다 왔구나?

Lola pechenyeni yeb qoyibdi-**ku**!

럴라가 과자를 다 먹어버렸네!

Men sizga buni aytgandim-**ku**?

내가 당신에게 이것을 말했잖아요?

Siz tufayli kech qoldim-**ku**.

당신 때문에 늦었잖아요.

U kecha-**yu** kunduz dars qiladi.

그녀는 밤낮 공부를 한다.

3. 차별, 제한의 보조사(ayiruv va chegaralov yuklamalari)

- -gina, -kina, -qina, faqat

    Kecha**gina** Buhorodan keldi.

    어제 막 부허러에서 왔다.

    Faqat nok olasizmi?

    배만 사시겠어요?

- 보조사 -gina /-kina /-qina는 원칙적으로 체언과 용언에 붙어서 사용된다. 그런데
  부사 faqat 과 atigi는 체언과 용언 앞에 사용된다.
    그 예는 다음과 같다.

① 다른 것으로부터 제한하여 어느 것을 한정함을 나타낸다.

Lola faqat she'r o'qiydi.

럴라는 단지 시만 읽는다.

Bir og'izgina gapirmoqchiman.

한 마디만 이야기하고 싶어요.

② 무엇을 강조하는 뜻을 나타낸다.

U bilan uchrashibgina hamma muammolarni hal qilish mumkin.

그를 만나야만 모든 문제가 해결 될 수 있다.

③ 화자가 기대하는 마지막 선을 나타낸다.

Uni bir martagina ko'rsam, armonim bo'lmasdi.

그녀를 한 번만이라도 본다면 바랄 것이 없다.

④ 적거나 작음의 뜻을 나타낸다.

Buvamning atigi uchtagina tishlari qolibdi.

할아버지의 치아는 겨우 세 개만 남았다.

4. 한정, 정확의 보조사(aniqlov yuklamalari)

- xuddi, naq

O'tgan yili xuddi shu yerda uchrashgandik.

지난 해 바로 이곳에서 만났다.

Sizni naq bir soat kutdik.

당신을 정확히 한 시간 기다렸다.

5. 추측의 보조사(gumon yuklamasi)

- -dir (이다; -ㄴ가)
- 접미사 -dir은 체언이나 용언 뒤에 붙어서 다양한 기능으로 사용한다.
  1) 체언 뒤에 붙어서 '이다'라는 서술격 조사를 만든다.

Bu kitobdir.   이것은 책이다.

U tovlamachidir.   그는 사기꾼이다.

2) 체언이나 용언 뒤에 붙어서 자기 스스로에게 묻는 물음이나 추측을 나타낸다.

Ehtimol shu ayol mening onamdir.

혹시 저분이 내 어머니이신가.

O'qituvchi kelgandir.

선생님이 오신 것 같다.

Janjalga sabab bo'lgan narsa shu suratdirmi?

싸움의 원인이 된 물건이 이 사진입니까?

3) 의문사에 붙어서 부정형으로 쓰인다.

Tashqarida kimdir kelganga o'xshaydi.

밖에 누가 왔나 보다.

Tomog'imga nimadir tiqilib qolganday bo'lyapti.

목에 무엇이 걸렸나 보다.

Qandaydir kishi sizni so'rab keldi.

어떤 사람이 당신을 찾아 왔어요.

U qachondir qaytib keladi.

그는 언젠가 돌아 올 거야.

Karim qayergadir ketibdi.

카림은 어디론가 갔더라.

6. 부정의 보조사(inkor yuklamasi)

- na

Stolda na qog'oz na qalam bor edi.

책상에 종이도 연필도 없었다.

14. 양태어 (modal so'zlar)

- ha, yo'q, demak, kerak, mayli, to'g'ri와 같은 단어들을 양태어라 한다. 이것들은 발언자의 생각이나 활동의 평가, 의견에 대한 화자의 관계를 나타낸다. 이러한 단어는 문장의 내용에 있어서 서로 다른 의미상의 뉘앙스를 가진다.

1. 긍정(승인, 허가)

- ha, mayli, xo'p, bor, to'g'ri, yaxshi, tuzuk

2. 부정

- yo'q, hecham

3. 분명한 생각

- albatta(물론, 확실히), haqiqatdan(진실로, 정말로), rostdan(진짜로), shubhasiz(의심할 여지없이)

4. 의심(의혹)

- ehtimol(만약, 혹), balki(만일), aftidan(분명하게, 아마도), chamasi(명백히, 언뜻보기에), qaydan(어딘가)

5. 조건, 상태

- kerak(필요하다), lozim(요구되는, 필요한), shart(조건), zarur(절실한)

6. 결산, 결론

- demak(그렇다면), xullas(그래서, 요약하면)

7. 유감

- afsus(유감스러운), attang(불쌍한, 유감인), essiz(기억없이)

8. 감사

– **rahmat**(감사합니다), **balli**(부라보!), **barakalla**(부라보, 매우 좋은)

15. 기타 표현

1. 소유의 표현 (qarashlilik ma'nosining ifodalash)

– 수식하는 대상이 누구 혹은 무엇에 속해 있는가를 나타내기 위해 수식되는 명사에 소유 어미를 붙인다. 소유어미는 (대)명사적 소유어미 혹은 (대)명사적어미라고도 부른다.

인칭(shaxs)	단수(birlik)		복수(ko'plik)	
	모음(unli)	자음(undosh)	모음	자음으로 끝날 때
1	–m	–im	–miz	–imiz
2	–ng	–ing	–ngiz	–ingiz
3	–si	–i	–si(lar)	–lari

olma(사과)

단수	인칭	복수
olmam	1	olmamiz
olmang	2	olmangiz
olmasi	3	olmasi(lari)

gap(말)

gapim	1	gapimiz
gaping	2	gapingiz
gapi	3	gap(lari)

– Dadang kim? 너의 아버지는 누구니?

– Dadam quruvchi. 저의 아버지는 건축가입니다.

– Opang nima qiladi? 너의 누나는 무엇을 하니?

– Opam ham ishlaydi. 저의 누나도 일합니다.

– Oilangizda necha kishi bor? 너의 가족은 몇 사람이니?

– Oilamizda to'rt kishi bor. 우리의 가족은 네 명입니다.

– Bu qaysi ko'cha? 이것은 어떤 거리니?

– Navoiy ko'chasi.　　　　　　나보이 거리.

– Kitob do'koni qayerda?　　　서점이 어디에 있니?

– Chorsu maydonida.　　　　　처르수 광장에.

2. 사물, 행동 장소의 표현
(predmet yoki ish-harakati o'rnining ifodalanishi)

누구에(게)	무엇에(으로)	어디에
kimda?	**nimada?**	**qayerda?**

– Qayerda turasan?　　　　　　　　어디에 사니?

– Ota-onang qayerda ishlaydi?　　부모님는 어디에서 일하시니?

– Kecha qayerda bo'lding?　　　　어제 어디에 있었니?

– Jurnal kimda?　　　　　　　　　잡지는 누구에게 있니?

– O'zbek tili xonasi qayerda?　　우즈벡어 교실은 어디에 있니?

– Ey bola, qayerda yashaysan?　어이 애야, 너 어디에 사니?

– Toshkentda.　　　　　　　　　타슈켄트에.

– Qaysi ko'chada turasan?　　　어느 거리에 사니?

– Sag'bon ko'chasida.　　　　　싸그번 거리에.

– Qaysi uyda.　　　　　　　　어느 집에?(몇 번 집에?)

– 58-uyda.　　　　　　　　　　58번 집에.

– Qaysi qavatda?　　　　　　　어느 층에?(몇 층에?)

– Beshinchi qavatda.　　　　　5층에.

– Nechanchi xonada?　　　　　몇번째 방에?(몇 호에?)

– 44-xonada.　　　　　　　　　44 호에.

– Uzoq emas ekan-ku.　　　　멀지 않구나.

3. 행동의 시작 근원, 장소, 시간, 원인, 성취의표현
(ish-harakatning boshlanish manbai, o'rni, vaqti, sababi va bajarish vositasining ifodalanishi)

1)

어디로 갑니까? **Qayerga boradi?**	어디에 있었습니까? **Qayerda bo'ldi?**	어디에서 왔습니까? **Qayerdan keldi?**
Andijon**ga**	andijon**da**	andijon**dan**
Teatr**ga**	teatr**da**	teatr**dan**
Kutubxona**ga**	kutubxona**da**	kutubxona**dan**
Tabiat muzeyi**ga**	tabiat muzeyi**da**	tabiat muzeyi**dan**

2)

누구? **kim?**	어디로부터? **qayerdan?**	누구로부터? **kim(niki)dan?**	무엇을 했습니까? **nima qildi?**
Anvar	texnikumdan uydan Toshkentdan dam olishdan	biznikidan	keldi. qaytib keldi. jo'nadi. ketdi. qaytdi.
Men		otamdan o'rtog'imdan	 xat oldim.

4. ekan의 용법

 -(a)r ekan은 화자가 이미 알고 있는 것을 객관화하여 청자에게 알려줄 때 사용된다. 자음으로 끝나는 동사 어간 뒤에 -ar ekan, 모음으로 끝나는 동사 어간 뒤에 -r ekan 이 온다. 제 3형 인칭어미가 사용된다.

 -(a)r ekan (-답니다) / -mas ekan (-지 않는답니다)

    Siz ertaga jo'nab ket**ar ekansiz.**

    당신은 내일 떠난다지요.

U hozir uxlar **ekan**.

그가 지금 잔답니다.

Men yozda Amerikaga borar **ekanman**.

나는 여름에 미국으로 간답니다.

Lola universitetda oʻqir **ekan**.

럴라는 대학교에서 공부한답니다.

Lola universitetda oʻqimas **ekan**.

럴라는 대학교에서 공부하지 않는답니다.

Bugun yomgʻir yogʻ**mas ekan**.

오늘 비가 오지 않는답니다.

Endi mashina haydamas **ekanman**.

저는 이제 운전을 하지 않는답니다.

5. 접사 −jon, −xon의 용법

- 접사 **−jon**은 남성인명과 친족어 뒤에 붙어, 접사 **−xon**은 여성인명 뒤에 붙어 사용된다. 이와 같이 접사 **−jon**과 **−xon**은 존칭의 의미로 쓰이는 경우도 있다.

  Karim**jon**

  Salim**jon**

  oyi**jon**

  dada**jon**

  Lola**xon**

  Manzura**xon**

6. 지소사 −cha, −choq의 용법

- 지소사 **−cha, −choq**은 명사 뒤에 붙어 원래의 뜻보다 '더 작은' 개념이나 '친애'의 뜻을 나타낸다.

qizcha	작은 여자아이, 소녀
bozorcha	작은 시장
shaharcha	소도시
qoʻzichoq	어린 양
toychoq	망아지

7. 소망의 보조형용사 −gi... kelyapti (−고 싶다)

– 소망(원망)의 보조형용사는 **동사 + gi + 인칭어미 +kelyapti** 구성으로 앞 단어가 뜻하는 행동을 하고자 하는 마음이나 욕구를 갖고 있음을 나타낸다.

Uyga tezroq ketgim kelyapti.

나는 빨리 집에 가고 싶다.

Uni koʻrging kelyapti.

너는 그녀를 보고 싶어 한다.

Lolaning muzqaymoq yegisi kelyapti.

럴라는 아이스크림을 먹고 싶어 한다.

Uxlagim kelmayapti.

나는 자고 싶지 않다.

* 참고

소망의 보조형용사는 과거형 어미 **−di**와 결합해서 과거의 원망을 나타낸다.

Sizni juda koʻrgim keldi.

나는 당신이 너무 보고 싶었어요.

Uxlagisi keldi. (Uyqusi keldi)

그는 졸려한다.

Oʻzbekistonga borgimiz kelmadi.

우리는 우즈베키스탄에 가고 싶지 않았다.

8. 불가능, 금지의 표현

- **mumkin emas**는 명사형 어미 **-(i)sh** 뒤에 붙여서 어떤 행동을 '불허하다', '금지하다'의 의미로 쓰인다.

- **man qilinmoq; taqiqlanmoq**은 어떤 일을 '~하지 못하게 금하다'의 의미로 쓰인다.

> **Kirish mumkin emas.**
>
> 들어가면 안 됩니다.
>
> **Bunday qilish mumkin emas.**
>
> 그렇게 하면 안 됩니다.
>
> **Bu yerda chekish mumkin emas.**
>
> 여기에서 담배를 피우면 안됩니다(금연구역).
>
> **Ichkariga kirish mumkinmi?**
>
> 안으로 들어가도 됩니까?
>
> **Yo'q mumkin emas.**
>
> 아니오, 들어갈 수 없습니다.
>
> **Telefonda gaplashish man qilinadi.**
>
> 전화로 말하는 것이 금지되어 있다.
>
> **Chekish taqiqlanadi.**
>
> 흡연 금지.
>
> **Mashina qo'yish taqiqlanadi.**
>
> 주차금지.
>
> **To'xtash taqiqlanadi.**
>
> 정차금지.

9. -(i)sh kerak의 용법

- 동사어간에 명사형 어미 **-(i)sh** + 소유어미 + **kerak**을 붙여서 앞단어가 뜻하는 행동을 하거나, 앞 단어가 뜻하는 상태가 되는 것이 필요함, 불피요함을 나타낼 때 사용한다.

  1) 긍정형: **동사어간 +(i)sh + 소유어미 kerak**

     ~해야만 한다, 할 필요가 있다

Men borishim kerak.

Sen borishing kerak.

U borishi kerak.

Biz borishimiz kerak.

Siz borishingiz kerak.

Ular borishlari kerak.

2) 부정형: **동사어간 +mas + lik + 소유어미 kerak**

　　　　　~하지 말아야 한다

* 부정형 어미 −maslik 뒤에 소유어미가 붙을 때 'k' 는 'g' 로 바뀐다.

bor+maslik+im kerak 〉 bormasligim kerak.

Men bormasligim kerak.

Sen bormasliging kerak.

U bormasligi kerak.

Biz bormasligimiz kerak.

Siz bormasligingiz kerak.

Ular bormasliklari kerak.

Oshxona har doim toza bo'lishi kerak.

주방은 늘 청결해야 힌다.

Har kuni albatta bittadan tuxum yeyish kerak

하루에 꼭 달걀 한 개씩 먹어야 한다.

Men ingliz tilini o'rganishim kerak.

나는 영어를 배워야 한다.

Sen dori ichishing kerak.

너는 약을 먹어야 한다.

Siz ketishingiz kerak.

당신은 가야 한다.

Siz ko'p ich**maslig**i**ngiz kerak.**

당신은 술을 많이 마시지 않아야 한다.

– 또한 **kerak**은 명사와 여격조사 **-ga** (−에/에게)뒤에 붙여서 '필요하다' 는 뜻을 갖는다.

Unga pul kerak.

그에게 돈이 필요하다.

Bu daftar menga kerak.

이 공책은 나에게 필요하다.

Shu qiz unga kerak.

저 여자는 그에게 필요하다.

Endi borish kerak emas.

이제 갈 필요가 없다.

Menga pul kerak emas.

나에게 돈이 필요 없어요.

10. 목적형 어미 −gani; −ishga (−하러)

– 동사 어미에 **−gani; −ishga**를 붙여서 일반적으로 **ket, bor** '가' 거나 **kel** '오' 거나 등 동작의 목적을 나타낸다. 한글에 연결 어미 '∼하러' 의 의미를 가진다. 또한 '목적' 을 나타낼 때 **−ish uchun** '∼하기 위해' 도 사용 할 수 있다.

Do'stimni kutib olg**ani aeroportga ketyapman.**

친구를 마중하러 공항에 갑니다.

O'zbekistonga o'qish**ga ketyapman.**

우즈베키스탄에 공부하러 갑니다.

Sizni ko'rish**ga keldim.**

당신을 만나러 왔습니다.

Olma sotib olg**ani bozorga ketyapti.**

그는 사과를 사러 시장에 갑니다.

Kitobni olib kelish **uchun** uyga ketdi.

책을 가져오기 위해 집으로 갔다.

Oʻzbek tilini oʻrganish **uchun** keldim.

우즈벡어를 배우기 위해 왔다.

11. −esa의 용법 (그러면; 그런데; −고, 반면)

− 접속사 **−esa**는 여러 가지 의미를 지니기 때문에 문장에 따라 해석을 달리 해야 한다.
대표적인 예는 다음과 같다.

1) 두 가지 이상의 사실을 나열할 때 쓰인다.

Bu qalam, u esa ruchka.

이것은 연필이며, 그것은 볼펜이다.

Bu talaba, u esa ishchi.

이 사람은 대학생이며, 그 사람은 노동자이다.

2) 두 가지 사건이 같은 시간에 동시적으로 발생할 때 쓰인다.

Men ashula aytdim, singlim esa oʻyinga tushdi.

나는 노래를 불렀고, 반면 여동생은 춤을 추었다.

3) 앞이 내용과 상반된 내용을 이끌 때 쓰인다.

**Ukam uy vazifasini allaqachon tugatib chiqib keldi. Men esa
haligacha oʻtiribman.**

동생은 벌써 숙제를 하고 나갔어요. 그런데 저는 아직까지도 숙제를 끝내지 못했어요.

12. bor; yoʻq의 용법

− **bor**와 **yoʻq*** 은 일반적으로 존재, 소유의 유무를 나타낼 때 사용된다.

* *yoʻq*: 존재의 없음을 나타내기도 하지만 부정의 의미를 나타내는 '아니오'의 의미
도 있다.

Qalam bor. Ruchka yoʻq.

연필이 있다. 볼펜이 없다.

Sizda ruchka bormi?

딩신에게 볼펜이 있습니까?

Yo'q menda ruchka yo'q. Menda qalam bor.

아니오, 나에게 볼펜이 없습니다. 나에게 연필이 있습니다.

- **borlar** (계시다); **yo'qlar** (안 계시다)

   높임말 **borlar** (계시다); **yo'qlar** (안 계시다)는 **bor** (있다)와 **yoq** (없다)에 존칭형
   접미사 **-lar***을 붙여서 만든다.

   * *-lar*: 복수형 접미사로도 쓰인다.

A: Otangiz **bormilar?**	아버님 계십니까?
B: Ha, **borlar.**	예, 계십니다.
A: Ular **bormilar?**	그 분이 계십니까?
B: **Yo'qlar.**	아니오, 안 계십니다.

A: Anvar aka uy**damilar?**	안봐르 선생님 집에 계십니까?
B: Ha, uy**dalar.**	예, 집에 계십니다.
A: Domla qayer**dalar?**	교수님 어디에 계십니까?
B: Auditoriya**dalar.**	강의실에 계십니다.

- **bor edi ; yo'q edi**은 과거형 표현으로 쓰인다. 그런데 이 시제 외에 의미상 현재
   시제로 사용된 경우도 있다. 이것은 다음과 같이 해석된다.

   ① 과거형 표현으로 사용할 때 '-었-'의 의미를 가진다.

   Menda mashina bor edi.

   나에게 자동차가 있었다.

   Kecha Karim uyda yo'q edi.

   어제 카림 집에 없었다.

② 현재 시제로 사용할 때 '-는데'의 의미를 가진다.

A: Sizga aytadigan gapim **bor edi,** biroz vaqt ajrata olasizmi?

당신에게 할 이야기가 있는데, 시간 좀 내 줄 수 있어요?

B: Vaqtim **yo'q edi.**

시간이 없는데요.

13. -lik (～인)의 용법

- 접미사 -lik은 체언 뒤에 붙어서 고향 혹은 지역 사람을 나타낸다.

qayer	（어디）+ lik 〉	**qayerlik**	어느 나라(지역) 사람
Koreya	（한국）+ lik 〉	**Koreyalik**	한국사람; 한국인
chet el	（외국）+ lik 〉	**chet ellik**	외국인

- 우즈벡어에서 나라 이름은 항상 (문장 머리에서도, 문장 가운데에서도) 대문자로 쓴다. 그러나 나라 이름이 접미사 **-lik**과 결합하여 문장 가운데 사용될 때는 소문자로 쓴다.

A: Qayerliksiz?

당신은 어느 나라 사람입니까?

B: Yaponiyalikman.

저는 일본 사람입니다.

A: O'rtog'ingiz qayerlik?

당신의 친구는 어느 나라 사람입니까?

B: O'rtog'im turkiyalik.

제 친구는 터키인입니다.

A: Lola qayerlik?

롤라는 어느 나라 사람입니까?

B: Lola o'zbekistonlik.

롤라는 우즈벡인입니다.

14. 시간의 표현법

Soat necha bo'ldi? (몇 시 입니까?)

1) 10. 00. (Soat) o'n.

10. 30. (Soat) o'n yarim.

2) 모음으로 끝나는 숫자는 -yu, 자음으로 끝나는 숫자는 -u를 붙인다.

11. 20. O'n bir-u yigirma.

12. 40. O'n ikki-yu qirq.

3) 실생활에서 많이 사용하는 표현은 다음과 같다:

09. 10. To'qqizdan o'nta o'tdi.

9시에서 10분 지났다.

14. 30. Ikki yarim / O'n to'rtdan o'ttiz daqiqa o'tdi.

14 시 반 / 14시에서 30분 지났다.

17. 55. Beshta kam olti. / Besh minut kam olti.

6시 5분 전.

15. 일, 주

1) kun 일, hafta 주, oy 월, yil 년, asr 세기, era 기원
2) kecha 어제, bugun 오늘, ertaga 내일
3) ertalab 아침, tushda 오후, kechqurun 저녁, tun 밤
4) hafta kunlari 요일:

dushanba	월요일
seshanba	화요일
chorshanba	수요일
payshanba	목요일
juma	금요일
shanba	토요일
yakshanba	일요일

우즈벡어회화

1 - DARS ASSALOMU ALAYKUM!

O'quvchi : Assalomu alaykum!

학생 : 안녕하세요?

O'qituvchi : Vaalaykum assalom!

선생님 : 안녕!

O'quvchi : Xayr, yaxshi qoling!

학생 : 안녕히 계세요!

O'qituvchi : Xayr, yaxshi bor!

선생님 : 잘 가!

본문 내용

우즈벡 사람들은 Assalomu alaykum!, Vaalaykum assalom! 이 라고 인사한다. Assalomu alaykum!은 아랍어 단어로 '당신에게 평화 가 (있기를 바랍니다)' 이고, 이에 대한 답변인 Vaalaykum assalom!은 '당신에게도 평화가 (있기를 바랍니다)' 라는 뜻이다.

Salom '안녕' 은 가까운 사이에서 정답게 하는 인사말이다.

Xayr는 헤어질 때 사용하는 인사말로 yaxshi boring! '안녕히 가세요!' yaxshi qoling! '안녕히 계세요!' 등과 함께 쓰이기도 한다. 또한 '그럼 이만' 이라는 의미를 가진 Xo'p xayr! Xo'p mayli! Bo'pti! Mayli!를 많이 사용한다.

인사말

⇨ Yaxshi yuribsizmi?	잘 지내십니까?
⇨ Ishlaringiz qalay?	당신의 일들은 어떻습니까?
⇨ Bola-chaqalar ham yaxshi yurishibdimi?	아이들도 잘 지냅니까?
⇨ Yaxshi.	좋습니다. 잘 지냅니다.
⇨ Uy ichilar tinchmi?	가족들은 평안합니까?
⇨ Ahvolingiz qalay?	근황은 어떠십니까?
⇨ Sogʻligingiz yaxshimi?	건강은 좋습니까?
⇨ Rahmat.	감사합니다.
⇨ Juda yaxshi.	매우 좋습니다.
⇨ Kechirasiz.	실례합니다, 죄송합니다.
⇨ Sizni koʻrganimdan xursandman.	당신을 만나게 되어 기쁩니다.
⇨ Biznikiga keling!	우리 집에 (놀러) 오세요.
⇨ Koʻrishguncha!	다시 만날 때까지!
⇨ Yaxshi boring!	안녕히 가십시오.
⇨ Yaxshi dam oling!	편히 쉬십시오.
⇨ Yaxshi yotib turing!	안녕히 주무세요!

문법설명

명령형 종결 어미 –(i)ng과 –gin (–십시오; –아라)

명령형 종결 어미 –(i)ng은 존칭을 사용할 때 쓰며, 정중한 명령이나 권유를 나타낸다. 자음으로 끝나는 동사 뒤에 –ing, 모음으로 끝나는 동사 뒤에 –ng을 붙인다.

명령·청유의 대표적 형태는 –gin으로 편한 사이나 아래 사람에게 말할 때 쓰인다.

Shu yerda kutib turing.	**Ket!**
여기서 기다리십시오.	가라!
Oʻzbekcha gapiring.	**Chiq!**
우즈벡어로 말 하십시오.	나가!
Yaxshi oʻqing.	**Oʻqishga bor**gin.
열심히 공부하십시오.	공부하러 가라.
Yana ozgina ishlang.	**Qoʻlimni mahkam ushla**gin.
조금만 더 일하십시오.	내 손을 꼭 잡아라.

단어

bormoq	가다; 다니다	kutmoq	기다리다
rahmat	감사하다	yotmoq	눕다
gapirmoq	말하다	mahkam	꼭, 힘 있게
siz	당신	oʻqimoq	공부하다; 읽다
ish	일	ozgina	조금(만)
ushlamoq	잡다	oʻqituvchi	선생님
kelmoq	오다	qolmoq	남다, 머무르다
xayr	안녕히 가세요, 안녕	oʻquvchi	학생
ketmoq	가다	qoʻl	손
yaxshi	좋다	chiqmoq	나가다

110

1. 다음 대화를 완성하시오.

   1) A: Assalomu alaykum!
      B: _____!
   2) A: Xayr, yaxshi boring!
      B: _____!
   3) A: Yaxshi yotib turdingizmi?
      B: _____!
   4) A: Yaxshi yotib turing!
      B: _____.

2. _____ (i)ng   보기: bormoq → boring

   1) qolmoq
   2) ishlamoq
   3) yotmoq
   4) chiqmoq
   5) ushlamoq

3. _____ gin   보기: ketmoq → ketgin

   1) gapirmoq
   2) bormoq
   3) o'qimoq
   4) kelmoq
   5) kutib turmoq

2 - DARS YAXSHIMISIZ?

Komil : Yaxshimisiz?

커밀 : (당신은) 잘 지내십니까?

Lola : Yaxshi, rahmat. Siz qalaysiz?

럴라 : 잘 지냅니다. 감사합니다. 당신은요?

Komil : Men ham yaxshiman.

커밀 : (덕분에) 저도 잘 지냅니다.

Lola : Ishlar qalay?

럴라 : 사업(일)은 어떠십니까?

Komil : Juda yaxshi.

커밀 : 매우 좋습니다.

문법설명

1. 의문형 어미 –mi? (–ㅂ니까?, –니?)

우즈벡어에서 의문형 문장을 만들 때는 의문대명사를 쓰는 경우를 제외하고는 모든 경우에 의문형 어미 –mi를 사용한다.

의문형 어미 –mi는 2인칭 복수 인칭어미 –siz와 함께 사용되어 높임을 나타낼 때 사용되며, 일반적으로 2인칭 단수 인칭어미 –san은 가까운 사이나 아래 사람에게 사용된다.

Talaba+mi+siz 〉 Talabamisiz?　　당신은 대학생입니까?

Yaxshi+mi+siz 〉 Yaxshimisiz?　　당신은 잘 지내십니까?

Talaba+mi+san 〉 Talabamisan?　　너는 대학생이니?

Yaxshi+mi+san 〉 Yaxshimisan?　　너는 잘 지내니?

2. 의문대명사 qalay (어떻다)

의견, 성질, 형편, 상태 등의 의문에 사용된다.

Qalaysiz?	당신은 어떻게 지내십니까?
Ishlar **qalay?**	일들은 어떻습니까?
Ahvolingiz **qalay?**	근황은 어떠십니까?

3. 보조사 ham (도, 또한)

보조사 **ham**은 두 가지를 표현하는데 사용된다.

1) 이미 어떤 것이 포함되고 그 위에 더함의 뜻을 나타낸다.

2) 둘 이상의 대상이나 상태를 똑같이 나타낸다.

A: Olma **bormi?**	사과가 있습니까?
B: Ha, bor.	네, 있습니다.
A: Nok **ham** bormi?	배도 있습니까?

Bolaning ko'zi **ham**, burni ham chiroyli.

아기는 눈도 코도 다 예쁘다.

발음의 기본 규칙

ham은 앞에 선행하는 어휘에 붙여 선행하는 어휘의 발음이 자음인 경우
men ham 〉 [menam], 모음인 경우 u ham 〉 [uyam]으로 발음된다.

대화

A: Yaxshimisiz?

B: Yaxshi, rahmat.

A: Bola-chaqalar yaxshimi?

B: Rahmat, hammasi yaxshi.

A: Uy ichilar tinchmi?

B: Ha, rahmat.

A: Hammaga salom ayting.

B: Siz ham.

A: Biznikiga keling.

B: Albatta, siz ham keling.

단어

bola	아이	talaba	대학생
olma	사과	ish	사업, 일
bola-chaqa	아이들	tinch	평화, 평안한
qalay	어떠한	juda	매우
bor	있다	uy ichilar	집안; 식구
quruvchi	건축가	ko'z	눈
burun	코	yaxshi	좋다
salom aytmoq	안부 전하다	men	나
doktor	의사	yurmoq	걷다; 지내다
sen	너	nok	(과일)배
ham	~도	chiroyli	예쁘다

1. 다음 대화를 완성하시오.

    1) A: Yaxshimisiz?
       B: _____!
    2) A: Qalaysiz?
       B: _____!
    3) A: Ishlar yaxshimi?
       B: _____!
    4) A: Yaxshi yotib turing!
       B: _____.

2. ____ misiz?　　　　보기: talaba → talabamisiz?

    1) yaxshi
    2) o'qituvchi
    3) o'quvchi
    4) doktor
    5) quruvchi

3. _____ ham _____. 보기: u / o'quvchi → U ham o'quvchi.

    1) Lola / doktor
    2) sen / talaba
    3) u / quruvchi
    4) Komil / yaxshi
    5) siz / o'qituvchi

3 - DARS BU KIM? BU NIMA?

Rustam : Bu kim?

루스탐 : 이 사람은 누구입니까?

Nodira : Bu Karim.

너디라 : 이 사람은 카림입니다.

Rustam : Bu nima?

루스탐 : 이것은 무엇입니까?

Nodira : Bu kitob.

너디라 : 이것은 책입니다.

문법설명

1. 의문대명사 kim (누구); nima (무엇)

kim '누구'는 사람을, nima '무엇'은 사실이나 사물을 가리키는 의문대명사이다.

Bu kim?	이 사람은 누구입니까?
U kim?	그는 누구입니까?
Bu nima?	이것은 무엇입니까?
U nima?	그것은 무엇입니까?

참고

우즈벡어에서도 한국어와 같이 사람을 높여서 말할 때는 지시대명사 bu, shu, u 다음에 kishi '분, 사람'가 쓰인다.

Bu **kishi** kim?   이 분은 누구십니까?

Bu **kishi** oʻqituvchi   이 분은 선생님이십니다.

Bu bola kim?   이 아이는 누구니?

Bu bola Alisher.   이 아이는 알리셰르야.

2. 지시대명사 bu, shu, u

bu '이 분 (것)' 와 shu '이 분 (것); 저 분 (것)'은 말하는 이에게 가까이 있거나
말하는 이가 생각하고 있는 대상을 가리키는 지시대명사이고, u '그 분(것); 저 분(것)'
은 말하는 이와 듣는 이로부터 멀리 있는 대상을 가리킨다. 또한 u는 말하는 이와 듣는
이가 아닌 사람을 가리키는 3인칭 (그; 그녀)으로 인칭대명사로 쓰이는 경우도 있다.

Bu olma shirin.   이 사과는 맛있습니다.

Bu talaba.   이 사람은 대학생입니다.

Shu koptokmi?   이것은 공입니까?

Shu kitob qiziqarli.   저 책은 재미있습니다.

U koʻchada har doim odam koʻp boʻladi.   그 거리에는 항상 사람이 많다.

U haqiqatan yaxshi odam.   그는 정말 좋은 사람이다.

Bu kishi kim?

이분은 누구십니까?

Bu kishi oʻqituvchi.

이분은 선생님입니다.

Bu kim?

이분은 누구십니까?

Bu oʻquvchi.

이분은 학생입니다.

Bu nima?

이것은 무엇입니까?

Bu ruchka.

이것은 볼펜입니다.

Shu nima?

저것은 무엇입니까?

Shu qalam.

저것은 연필입니다.

U nima?

그것은 무엇입니까?

U koptok.

그것은 공입니다.

대화

A: Bu kim?

B: Bu o'quvchi.

A: Bu ham o'quvchimi?

B: Ha, bu ham o'quvchi.

A: Shu nima?

B: Shu olma.

A: Olma shirinmi?

B: Ha, juda shirin.

A: U ko'chada odam ko'pmi?

B: Ha, ko'p.

A: Bu yerdan uzoqmi?

B: Ha, uzoq.

단어

bola	어린아이	juda	아주, 매우
olma	사과	stol	책상
bu yer	이곳	kitob	책
qalam	연필	stul	의자
daftar	공책	koptok	공
qiz	여자	uy	집
gul	꽃	ko'p	많다
qiziqarli	재미있다	uzoq	멀다
har doim	항상	ko'cha	거리
ruchka	볼펜	shirin	맛있다
haqiqatan	참, 정말로	odam	사람
soyabon	우산	chiroyli	예쁘다

1. A: Bu kim?
   B: Bu ____ .

   보기: odam → A: Bu kim?
   　　　　　　　B: Bu odam.

   1) bola
   2) qiz
   3) o'quvchi
   4) Alisher
   5) talaba

2. A: Shu nima?
   B: _____ .

   보기: qalam → A: Shu nima?
   　　　　　　　B: Shu qalam.

   1) daftar
   2) kitob
   3) stol
   4) stul
   5) olma

3. A: U nima?
   B: _____ .

   보기: ruchka → A: U nima?
   　　　　　　　B: U ruchka.

   1) soyabon
   2) koptok
   3) uy
   4) gul
   5) qalam

4 - DARS HA, TALABAMAN

Shahlo : Siz talabamisiz?

샤흘러 : 당신은 학생입니까?

Aziz : Ha, talabaman.

아지즈 : 예, 나는 학생입니다.

Shahlo : Bu bola ham talabami?

샤흘러 : 이 아이도 학생입니까?

Aziz : Yo'q, bu bola talaba emas.

아시스 : 아니오, 이 아이는 학생이 아닙니다.

문법설명

1. 인칭대명사

Men	나	**Sen**	너	**U**	그; 그녀
Biz	우리	**Siz**	당신, 너희들	**Ular**	그들

2. 술어인칭어미

우즈벡어를 이해하기 위해서는 술어인칭어미를 알아야 한다. 한글에 '나는 대학생이다'라는 문장은 우즈벡어에서 '대학생'이라는 명사에 주어와 일치하는 인칭어미를 붙인다. 즉, 'men talaba+man' 으로 작문되는데, 이 때 **-man** 은 '나'를 가리키는 인칭어미이다.

1인칭 단수	-man	1인칭 복수	-miz
2인칭 단수	-san	2인칭 복수	-siz
3인칭 단수	-ø	3인칭 복수	-lar̆

talaba+**man**	〉 talaba**man**	나는 학생이다.
talaba+**san**	〉 talaba**san**	너는 학생이다.
talaba **ø**	〉 talaba	그(녀)는 학생이다.
talaba+**miz**	〉 talaba**miz**	우리는 학생이다.
talaba+**siz**	〉 talaba**siz**	당신은 학생이다; 너희들은 학생이다.
talaba+**lar**	〉 talaba**lar**	그들은 학생이다.

3. 부정문 emas (아니다)

부정문 emas는 어떤 사실을 부정하는 뜻을 나타낸다.

인칭어미는 항상 emas 뒤에 붙인다.

1인칭 단수	−man	1인칭 복수	−miz
2인칭 단수	−san	2인칭 복수	−siz
3인칭 단수	−ø	3인칭 복수	−lar

A: Sen oʻquvchimisan? 너는 학생이니?

B: Yoʻq, oʻquvchi **emasman.** 아니오, 나는 학생이 아닙니다.

A: Ular quruvchilarmi? 그들은 건축가들입니까?

B: Yoʻq, ular quruvchi **emaslar.** 아니오, 그들은 건축가들이 아닙니다.

A: Siz talabamisiz? 당신은 대학생입니까?

B: Yoʻq, biz talaba **emasmiz.** 아니오, 우리는 대학생이 아닙니다.

참고

우즈벡어에서 **Bu kitob sizniki emasmi?**(이 책은 당신의 것이 아닙니까?)에 대해, 부정의 대답이라면 **Yoʻq, meniki emas** (네, 제 것이 아닙니다) 라고 한다. 그러나 한국어에서는 반대로 '아니오'가 아니라 '예'로 대답을 한다.

o'qituvchi

doktor

ishbilarmon

oshpaz

quruvchi

uchuvchi

rassom

tikuvchi

sotuvchi

대화

A: Siz oshpazmisiz?

B: Ha, men oshpazman.

A: Bu kishi ham oshpazmi?

B: Yoʻq, bu kishi oshpaz emas.

A: Sen oʻquvchimisan?

B: Ha, men oʻquvchiman.

A: Bu qiz ham oʻquvchimi?

B: Yoʻq, bu qiz oʻquvchi emas.

단어

bola	어린아이	ham	....도; 역시
oshpaz	요리사	talaba	대학생
doktor	의사	ishchi	노동자
quruvchi	건축가	tikuvchi	재봉사
emas	~이 아니다	ishbilarmon	사업가
rassom	화가	yoʻq	없다; 아니다
ha	예, 네	kishi	사람
sotuvchi	상인	oʻquvchi	초등학생; 중학생; 고등학생

발음연습

1. Qodir qoʻrqib qirga qochdi.
2. Gʻani gʻildirakni gʻizillatib gʻildiratdi.
3. Oq choynakka oq qopqoq, koʻk choynakka koʻk qopqoq.

1. ___ _____ (−man, −san, −miz, −siz, −lar)

   보기 : men talaba → men talabaman

   1) men sotuvchi
   2) sen doktor
   3) biz oʻquvchi
   4) siz quruvchi
   5) ular ishchi

2. A: Siz _____ misiz?
   B: Ha, _____ man.

   보기 : oʻqituvchi → Siz oʻqituvchimisiz?

   　　　　　 Ha, oʻqituvchiman.

   1) sotuvchi
   2) ishbilarmon
   3) oshpaz
   4) doktor
   5) uchuvchi

3. A: Sen _____ misan?
   B: Yoʻq, _____ emasman.

   보기 : ishbilarmon → Sen ishbilarmonmisan?

   　　　　　 Yoʻq, ishbilarmon emasman.

   1) quruvchi
   2) uchuvchi
   3) talaba
   4) oshpaz
   5) oʻquvchi

5 - DARS MENING ISMIM KARIM

Rashid : Kechirasiz, ismingiz (otingiz) nima?

라쉬드 : 실례합니다만, 이름은 무엇입니까?

Karim : Mening ismim (otim) Karim.

카림 : 제 이름은 카림입니다.

Rashid : Meniki Rashid.

라쉬드 : 저는 라쉬드입니다.

Karim : Tanishganimdan xursandman.

카림 : 만나서 반갑습니다.

Rashid : Men ham.

라쉬드 : 저도요.

문법설명

1. 인칭대명사 소유격

우즈벡어에서 인칭대명사와 명사 사이에는 특징적인 문법 요소가 있다. 그것은 소유를 나타내는 소유격이다. 예를 들면, '나의 책' 이라는 표현을 우즈벡어로 옮기면 **mening kitobim**이 된다. 분석해 보면, '나의'에 해당되는 것이 **mening**이고, 책에 해당되는 것이 **kitobim**이다. 그런데 한글에서 '책'은 인칭대명사 소유격접미사인 '의' 와는 무관하게 변하지 않는다. 그러나 우즈벡어에서는 인칭대명사 소유격에 따라서 해당 명사도 소유격 인칭어미를 가진다. 즉, **kitob+im**이 되어서 반드시 명사 끝에 소유격 인칭어미를 붙여야 한다.

126

Men → Mening	나의
Sen → Sening	너의
U → Uning	그(그녀)의
Biz → Bizning	우리의
Siz → Sizning	당신의; 너희들의
Ular → Ularning	그들의

1인칭 단수	–(i)m	1인칭 복수	–(i)miz
2인칭 단수	–(i)ng	2인칭 복수	–(i)ngiz
3인칭 단수	–i/si	3인칭 복수	–lari

1) 자음으로 끝나는 어휘 뒤에

단수	1인칭	kitob-im	나의 책
	2인칭	kitob-ing	너의 책
	3인칭	kitob-i	그(그녀)의 책

복수	1인칭	kitob-imiz	우리의 책
	2인칭	kitob-ingiz	너희(당신)의 책
	3인칭	kitob-lari	그들의 책

2) 모음으로 끝나는 어휘 뒤에

단수	1인칭	ruchka-m	나의 볼펜
	2인칭	ruchka-ng	너의 볼펜
	3인칭	ruchka-si	그(그녀)의 볼펜

복수	1인칭	ruchka-miz	우리의 볼펜
	2인칭	ruchka-ngiz	너희(당신)의 볼펜
	3인칭	ruchka-lari	그들의 볼펜

2. 소유를 나타내는 어미 −niki

인칭 대명사 혹은 명사 뒤에 −niki를 붙여 누구의 소유임을 나타낸다.

Daftar meniki.	공책은 내 것이다.
Daftar seniki.	공책은 너의 것이다.
Daftar uniki.	공책은 그의 것이다.
Daftar bizniki.	공책은 우리의 것이다.
Daftar sizniki.	공책은 당신의 것(너희들의 것)이다.
Daftar ularniki.	공책은 그들의 것이다.
Bu ruchka kimniki?	이 볼펜은 누구의 것입니까?
Bu ruchka meniki.	이 볼펜은 내 것입니다.
U daftar kimniki?	그 공책은 누구의 것입니까?
U daftar uniki.	그 공책은 그(녀)의 것이다.

발음의 기본 규칙

구어체에서 mening〉 [meni], qalamingiz 〉
[qalamis], akangiz 〉 [akayis], bizniki 〉
[biziki], sizniki 〉 [siziki] 로 발음된다.

대화

A: Ismingiz (otingiz) nima?

B: Mening ismim (otim) Lobar.

A: Meniki Bahodir.

B: Tanishganimdan xursandman.

A: Men ham. Turmushga chiqqanmisiz?

B: Ha, chiqqanman.

A: Ismingiz (otingiz) nima?

B: Ismim Sobir.

A: Familiyangiz nima?

B: Ahmedov.

A: Uylanganmisiz?

B: Ha, uylanganman.

단어

familiya	성
ism (ot)	이름
mamlakat	나라
sumka	가방
tanishmoq	소개하다
turmushga chiqmoq	(여자가) 결혼하다; 시집가다
universitet	대학교
uylanmoq	(남자가) 결혼하다; 장가가다
xona	방
xursand boʻlmoq	기뻐하다; 반갑다

1. Ismim _____ .

보기 : Rashid → Ismim Rashid.

1) Barno

2) Botir

3) Aziza

4) Salim

5) Nodira

2. _____ (i)m, (i)ng, i/si, (i)miz, (i)ngiz, lari

보기 : Mening daftar... → Mening daftarim.

1) Sening stol...

2) uning olma...

3) bizning uy...

4) sizning stul...

5) ularning xona...

3. _____ niki.

보기 : kitob / men → kitob meniki

1) qalam / sen

2) uy / biz

3) sumka / u

4) ruchka / siz

5) daftar / ular

6 - DARS   BU KISHI KIM BO'LADILAR?

Yong Jun : Bu kishi kim bo'ladilar?

영준 : 이분은 누구입니까?

Anvar : Mening rafiqam (xotinim).

안봐르 : 제 아내입니다.

Yong Jun : Bu bola kim?

영준 : 이 아이는 누굽니까?

Anvar : Bizning o'g'limiz.

안봐르 : 우리 아들입니다.

문법설명

복수형 접미사 –lar (–들)

우즈벡어에서 복수 의미의 대표적인 형태는 체언에 접미사 '–lar'를 첨가하는 것이다.

또한 '–lar'는 체언에 붙어서 존경의 의미로 더 흔히 사용된다.

bola → bola+lar 〉 bolalar	아이들
daftar → daftar+lar 〉 daftarlar	공책들

Ular keldilar.	그들이 왔다.
Bu otamlar.	이 분은 나의 아버지이십니다.
Ismlari Anvar.	이 분의 성함은 안봐르입니다.
O'qituvchilar.	(그 분은) 선생님입니다.
Bu onamlar.	이 분은 나의 어머니이십니다.
Ismlari Barno.	이 분의 성함은 바르너입니다.
Uy bekasilar.	주부이십니다.

주의

마지막 음절에 'i', 'u' 모음이 있고, 'n', 'l', 'z'로 끝난 명사에 소유격 인칭어미가 붙을 때 'i', 'u' 모음은 탈락된다. oʻg'il+im 〉 oʻg'lim; singil+im 〉 singlim; burun+im 〉 burnim

단수	1인칭	oʻg'il+im 〉 oʻg'lim	나의 아들
	2인칭	oʻg'il+ing 〉 oʻg'ling	너의 아들
	3인칭	oʻg'il+i 〉 oʻg'li	그(그녀)의 아들

복수	1인칭	oʻg'il+imiz 〉 oʻg'limiz	우리의 아들
	2인칭	oʻg'il+ingiz 〉 oʻg'lingiz	너희(당신)의 아들
	3인칭	oʻg'il+lari 〉 oʻg'illari	그들의 아들

단수	1인칭	singil+im 〉 singlim	나의 여동생
	2인칭	singil+ing 〉 singling	너의 여동생
	3인칭	singil+isi 〉 singlisi	그(그녀)의 여동생

복수	1인칭	singil+imiz 〉 singlimiz	우리의 여동생
	2인칭	singil+ingiz 〉 singlingiz	너희(당신)의 여동생
	3인칭	singil+lari 〉 singillari	그들의 여동생

발음의 기본 규칙

보통 구어체에서 −lar의 'r'가 탈락되어 발음된다.
dadamlar 〉 [dadamla]; bormilar 〉 [bormila]

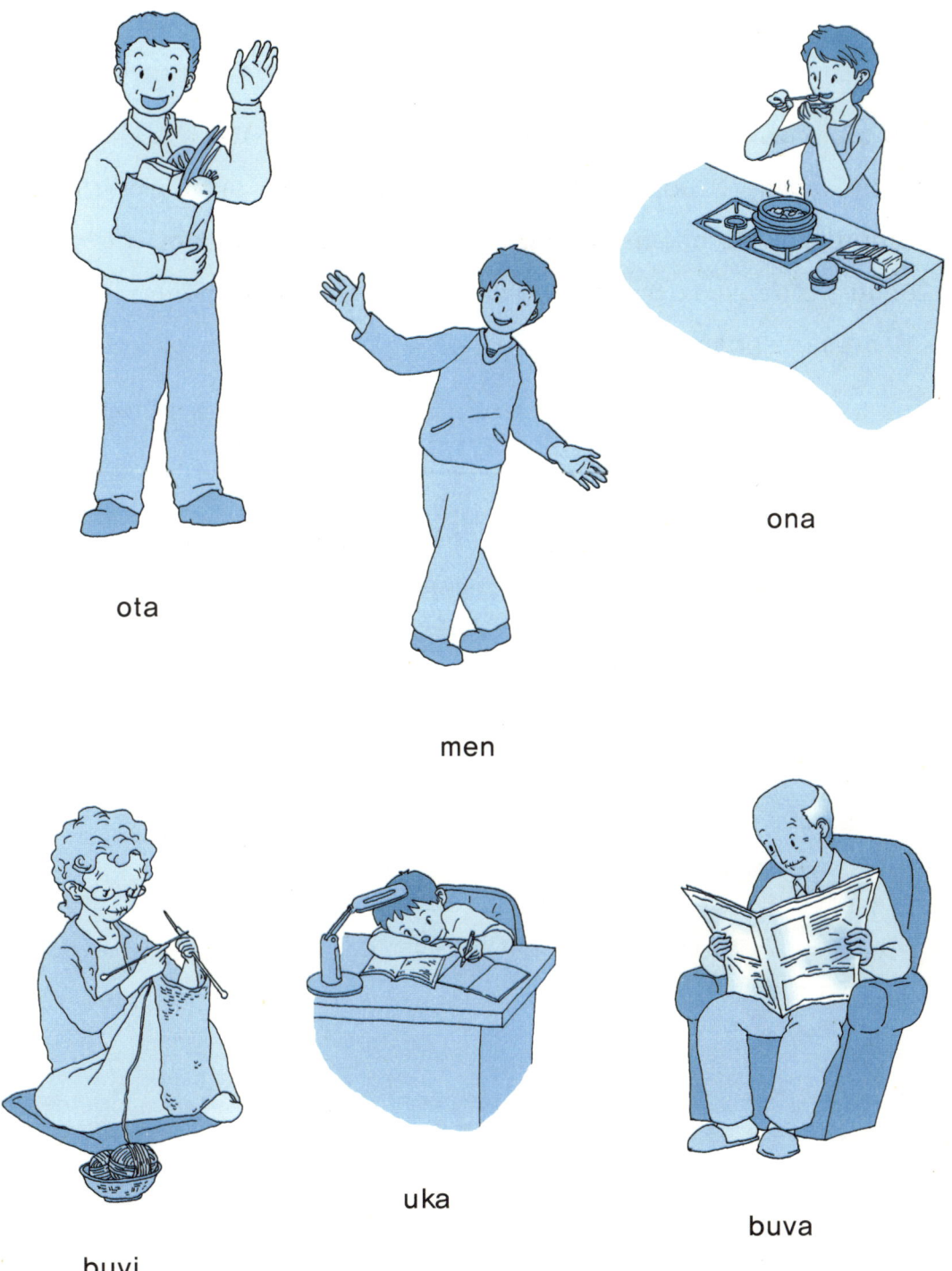

ota

men

ona

buvi

uka

buva

읽기 연습

BIZNING OILAMIZ

Bu otam. Ismlari Rustam. Maktabda oʻqituvchilar. Mana bu
onam. Ismlari Ozoda. Bogʻchada tarbiyachilar. Bu akam Nodir.
U quruvchi. Bu opam, Nodira. U hamshira. Bu esa ukam
Bobur. U oʻquvchi. Bunisi singlim Lola. U bogʻchaga boradi.
Men esa talabaman.

단어

aka	형; 오빠	tarbiyachi	유치원 교사
opa	누나; 언니	dada	아빠, 아버지
bola	어린아이	uka	남동생
ota	아빠, 아버지	er	남편
bormoq	가다; 다니다	uy bekasi	주부
quruvchi	건축가	hamshira	간호원
bogʻcha	유치원	xotin	아내; 부인
rafiqa	아내; 부인	maktab	학교
buva	할아버지	zavod	공장
singil	여동생	ona	엄마, 어머니
buvi	할머니	oʻgʻil	아들

1.____ ning____ (i)m, (i)ng, i/si, (i)miz, (i)ngiz, lari

보기 : Men / singil → Mening singlim.

1) sen / uka
2) u / opa
3) biz / ota
4) siz / aka
5) ular / ona

2. _____ lar

보기 : bola → bolalar.

1) kitob
2) koptok
3) oʻquvchi
4) talaba
5) odam

3. Bu kishi_____mlar

보기 : ona → Bu kishi onamlar.

1) buva
2) buvi
3) ota
4) ona
5) oʻqituvchi

7 - DARS
OʻZBEKCHA OʻRGANYAPSIZMI?

Gulnora : Bu nima?

굴너라 : 이것은 무엇입니까?

So Yong : Oʻzbek tili kitobi.

소 영 : 우즈벡어 교과서입니다.

Gulnora : Oʻzbekcha oʻrganyapsizmi?

굴너라 : 우즈벡어를 배우고 있습니까?

So Yong : Ha, oʻzbekcha oʻrganyapman.

소 영 : 네, 우즈벡어를 배우고 있습니다.

문법설명

현재진행형

현재진행형은 현재에 진행되고 있는 시점을 가리킨다. 이 시제는 **동사 어간 + 현재시제어미 -yap + 인칭어미**를 붙여서 만든다. 현재진행형은 **동사 어간 + 부동사형어미 -(i)b + 인칭어미**로 구성되는 경우도 있다.

1인칭 단수	kel-yap-man 나는 오고 있다	1인칭 복수	kel-yap-miz 우리는 오고 있다
2인칭 단수	kel-yap-san 너는 오고 있다	2인칭 복수	kel-yap-siz 당신은 오고 있다
3인칭 단수	kel-yap-ti 그는 오고 있다	3인칭 복수	kel-yap-tilar 그들은 오고 있다

1) –yap의 의미

① –yap의 기본 의미는 동작의 '진행'이다. 한글에 '–고 있다'가 된다.

Men kitob o'qiyapman.　　나는 책을 읽고 있다.

Lola xat yozyapti.　　럴라는 편지를 쓰고 있다.

② '–ㄴ다'의 의미를 가진다.

Men o'zbekcha o'rganyapman.　　나는 우즈벡어를 배웁니다.

O'rtog'im koreyscha o'rganyapti.　　친구는 한국어를 배웁니다.

2) (i)b의 의미

우즈벡어서는 yotmoq '눕다', turmoq '서다', yurmoq '걷다', o'tirmoq '앉다' 동사 어간에 부동사 어미 –(i)b을 붙여서 동작의 지속이 아니라 '상태의 지속'을 나타낸다. 한글에 '–어 있다'가 된다.

U joyida yotibdi.　　그는 자리에 누워 있다.

Men stulda o'tiribman.　　나는 의자에 앉아 있다.

Karim tepalikda turibdi.　　카림은 언덕 위에 서 있다.

Yaxshi yuribman.　　잘 지내고 있습니다.

단어

dars qilmoq	공부하다	nima qilmoq	무엇을 하다
xat yozmoq	편지를 쓰다	o'rganmoq	배우다
joy	자리, 장소	ovqatlanmoq	식사하다
uxlamoq	자다	o'tirmoq	앉다
kitob o'qimoq	책 읽다	rasm chizmoq	그림 그리다
yotmoq	눕다	o'ylamoq	생각하다
ko'rmoq	보다	turmoq	일어나다; 서다
yurmoq	걷다	o'ynamoq	놀다

1. _____yap (–man, –san, –ti, –miz, –siz, –tilar)

   보기: men / oʻynamoq → Men oʻynayapman.

   1) u / uxlamoq
   2) biz / dars qilmoq
   3) siz / oʻqimoq
   4) ular / ovqatlanmoq
   5) men / yozmoq

2. A: Nima qilyapsan?

   B: _____ yapman.

   보기 : dars qilmoq → A: Nima qilyapsan?

   B: Dars qilyapman.

   1) xat / yozmq
   2) televizor/ koʻrmoq
   3) kitob /oʻqimoq
   4) uxlamoq
   5) oʻynamoq

3. _____–(i)bdi.

   보기: stulda / oʻtirmoq → Stulda oʻtiribdi

   1) tepada / turmoq
   2) oʻrnida / yotmoq
   3) uyda / oʻtirmoq
   4) yaxshi / yurmoq

8 - DARS   QOG'OZ BORMI?

Shavkat : Qog'oz bormi?

샤브캇 : 종이 있니?

Go'zal : Ha, bor.

고잘 : 응, 있어.

Shavkat : Qalam-chi?

샤브캇 : 연필은(있어)?

Go'zal : Yo'q, qalam yo'q.

고잘 : 아니, 연필은 없어.

문법설명

1. bor (있다), yo'q (없다)의 용법

bor는 사람, 동물, 물체 따위가 실제로 존재함을, **yo'q**은 사람, 동물, 물체 따위가 실제로 존재하지 않음을 나타낸다. **yo'q**은 문장상의 의미에 따라 '아니오', '없다'의 뜻을 지닌다. 일반적으로 **yo'q**이 문장의 첫머리에 올 때는 '아니오', 문장의 끝에 올 때는 '없다'의 뜻을 나타낸다.

1) bor

A: Ruchka **bor**mi?	볼펜있니?
B: Ha, ruchka **bor**.	응, 볼펜 있어.

A: O'chirg'ich **bor**mi?	지우개 있니?
B: Ha, **bor**.	응, 있어.

2) yo'q

A: Pul bormi?   돈 있니?

B: **Yo'q**, pul yo'q.   아니, 돈 없어.

A: Vaqt bormi?   시간 있니?

B: **Yo'q**, vaqt yo'q.   아니, 시간 없어.

2. 의문형 어미 -chi?

-chi 의문형 어미는 항상 대화 가운데서만 사용된다. 첫 번째 질문을 하고 난 다음에
-chi를 사용하여 그 다음 질문 내용을 생략한다.

A: Sigaret bormi?   담배 있니?

B: Ha, bor.   응, 있어.

A: Gugurt-**chi**?   성냥은 (있어)?

B: Yo'q, gugurt **yo'q**.   아니, 성냥은 없어.

3. 접속사 va (와/ 과; 그리고)

접속사 **va**는 두 가지를 표현하는데 사용된다. 1) 둘 이상의 단어를 이어주고 '와/ 과'
의 의미를 가진다. 2) 문장과 문장을 연결할 때 쓰고 '그리고'의 의미를 가진다.

Ruchka **va** qalam.

볼펜과 연필.

Limon **va** mandarinda C vitamini ko'p.

레몬과 귤에는 비타민C가 많다.

Men kecha kitob, daftar **va** qalam sotib oldim.

나는 어제 책, 공책 그리고 연필을 샀습니다.

대화

A: Choy bormi?

B: Ha, bor.

A: Shakar–chi?

B: Yo'q, shakar yo'q.

A: Qalam bormi?

B: Ha, bor.

A: O'chirg'ich–chi?

B: Yo'q, o'chirg'ich yo'q.

Bu qog'ozmi?
Ha, bu qog'oz.

Bu sumkami?
Ha, bu sumka.

Bu eshikmi?
Yo'q, bu eshik emas.
Bu doska.

Bu qalammi?
Yo'q, bu qalam emas.
Bu bo'r.

Bu ruchkami?
Yo'q, bu ruchka emas.
Bu qaychi.

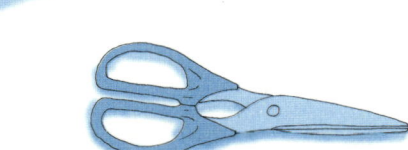

단어

bor	있다	yoʻq	없다
stol	책상	pul	돈
boʻr	분필	oʻchirgʻich	지우개
stul	의자	qaychi	가위
doska	칠판	shakar	설탕
vaqt	시간	qogʻoz	종이
eshik	문	choy	차
sumka	가방	sigaret	담배
gugurt	성냥		

연습문제

1. A: _____bormi?
   B: Ha,_____bor.
   보기 : qalam → A: Qalam bormi?
   　　　　　　　B: Ha, qalam bor.

   1) bo'r
   2) o'chirg'ich
   3) daftar
   4) ruchka
   5) kitob

2. A: _____bormi?
   B: Yo'q,_____yo'q.
   보기 : qaychi → A: Qaychi bormi?
   　　　　　　　B: Yo'q, qaychi yo'q.

   1) sumka
   2) qog'oz
   3) vaqt
   4) daftar
   5) qalam

3. A: _____bormi?
   B: Ha, _____bor.
   A: _____ –chi?
   B: Yo'q, _____ yo'q.

   1) qog'oz / qaychi
   2) stol / stul
   3) qalam / o'chirg'ich
   4) sigaret / gugurt
   5) pul / vaqt

9 - DARS
KUTUBXONAGA KETYAPMAN

Dilfuza : Qayerga ketyapsiz?

딜푸자 : 어디에 가십니까?

Abror : Kutubxonaga ketyapman.

압러르 : 도서관에 갑니다.

Dilfuza : Men ham kutubxonaga ketyapman.

딜푸자 : 저도 도서관에 갑니다.

Abror : Unda yuring birga ketamiz.

압러르 : 그럼, 같이 갑시다.

문법설명

1. 의문사 qayerga? (어디에; 어디로)

Qayerga?는 방향을 나타내는 의문사로써 '어디에?; 어디로?'를 의미한다.

Qayerga ketyapsiz?   어디에 가십니까?

2. 여격조사 -ga/ -ka/ -qa (-에; -로; -에게)

여격조사 -ga/ -ka/ -qa 는 다음과 같은 예외적인 특징을 가진다.

1) 명사가 k로 끝났을 경우, -ga 대신 -ka가 붙는다.

   bo'lak+ka '조각으로'; chelak+ka '통에'

2) 명사가 q로 끝났을 경우, -ga 대신 -qa가 붙는다. qishloq+qa '시골로, 시골에'

3) 명사가 g'로 끝났을 경우, 어미 g' 또한 q로 바꾸어서 여격조사는 -qa 가 온다.

   bog'+qa 〉 boqqa '정원으로, 정원에'; tog'+qa 〉 toqqa '산으로'

4) 3인칭대명사 'u'에 -ga 붙을 때, -ga 앞에 'n'가 온다. unga '그에게

Qayerga?	Kimga?	Nimaga?	Qachonga?
ish+**ga**	oʻqituvchi+**ga**	daftar+**ga**	juma+**ga**
maktab+**ga**	talaba+**ga**	kitob+**ga**	bugun+**ga**
oshxona+**ga**	bola+**ga**	sumka+**ga**	shanba+**ga**
qishloq+**qa**	men+**ga**	konvert+**ga**	kuz+**ga**

A: **Qayerga** ketyapsiz?   어디에 가십니까?

B: Restoran**ga** ketyapman.   레스토랑에 갑니다.

A: **Kimga** beryapsiz?   누구에게 주고 있습니까?

B: Bolam**ga** beryapman.   제 아이에게 주고 있습니다.

A: **Qachonga** kerak?   언제 필요합니까?

B: Juma**ga** kerak.   금요일에 필요합니다.

참고

Nimaga 의문사는 '왜'라는 의미 이외에, '무엇에' '어디에'라는 의미도 있다.

A: Kecha **nimaga** kelmading?   어제 왜 안 왔니?

B: Ishim bor edi.   일이 있었어.

A: **Nimaga** yozyapsiz?   어디에 (무엇에) 쓰고 있습니까?

B: Daftar**ga** yozyapman.   공책에 쓰고 있습니다.

발음의 기본 규칙

명사가 무성자음으로 끝났을 경우, -ga의 발음은 -ka 가 된다. ish+ga 〉ishka; kurs+ga 〉kurska; jamiyat+ga 〉jamiyatka; bosh+ga 〉boshka

대화

A: Qayerga ketyapsiz?

B: Shahar markaziga ketyapman.

A: Nimaga?

B: Uchrashuvim bor.

A: Men ham shahar markaziga ketyapman.

B: Unda yuring birga ketamiz.

단어

birga	같이	togʻ	산
konvert	봉투	ish	일
bogʻ	정원	unda	그럼
kurs	과정, 과	jamiyat	사회
bosh	머리	uchrashuv	약속
kutubxona	도서관	juma	금요일
bugun	오늘	yoz	여름
kuz	가을	kasalxona	병원
boʻlak	조각	oʻrtoq	친구
ota-ona	부모	kerak	필요하다
dugona	(여자끼리)친구	shahar markazi	시내
oshxona	식당	ketmoq	가다
doʻst	친구	shanba	토요일
qishloq	시골	kinoteatr	극장
institut	대학교	chelak	통, 양동이

1. A: Qayerga ketyapsiz?
   B: _____ –ga/–ka/–qa ketyapman.
   보기 : maktab → A: Qayerga ketyapsiz?
   　　　　　　　　　 B: Maktabga ketyapman.

   1) oshxona
   2) kinoteatr
   3) kasalxona
   4) bogʻ
   5) qishloq

2. A: Qachonga kerak?
   B: _____ –ga kerak.
   보기 : shanba → A: Qachonga kerak?
   　　　　　　　　 B: Shanbaga kerak.

   1) yoz
   2) chorshanba
   3) juma
   4) bugun
   5) kuz

3. A: Kimga?
   B: ____ –ga .
   보기 : doʻstim → A: Kimga?
   　　　　　　　　 B: Doʻstimga.

   1) ukam
   2) talaba
   3) quruvchi
   4) dugonasi
   5) ota–ona

10 - DARS
O'ZBEKISTONGA QACHON KELDINGIZ?

Gulnora : O'zbekistonga qachon keldingiz?

굴너라 : 우즈베키스탄에 언제 오셨습니까?

Alisher : 1 (birinchi) yanvarda keldim.

알리쉐르 : 1월 1일에 왔습니다.

Gulnora : O'zbekistonda nima qilyapsiz?

굴너라 : 우즈베키스탄에서 무엇을 하고 있습니까?

Alisher : Firmada ishlayapman.

알리쉐르 : 회사에서 일하고 있습니다.

문법설명

1. 의문사 qachon? (언제)

Qachon은 시간을 나타내는 의문사로써 '언제'를 의미한다.

Qachon keldingiz?	언제 왔습니까?
Tug'ilgan kuningiz **qachon?**	생일이 언제입니까?

2. 장소격 조사 -da (-에; -에서; -에게)

장소격 조사 -da는 동작의 때, 시간, 장소를 나타내고 kimda? '누구에게', nimada?
'무엇으로', qayerda? '어디에서' nechada? '몇 시에' qachon? '언제' 등에 사용된다.

A: **Kimda** qalam bor?	누구에게 연필이 있어요?
B: **Men**da qalam bor.	나에게 연필이 있어요.

A: **Nimada** keldingiz? 무엇을 타고 왔어요?

B: Avtobus**da** keldim. 버스 타고 왔어요.

A: **Qayerda** ishladingiz? 어디에서 일하셨습니까?

B: Bank**da** ishladim. 은행에서 일했습니다.

A: **Qachon** uchrashdingiz? 언제 만났습니까?

B: Tushlik**da** uchrashdim. 점심시간에 만났습니다.

3. 과거시제 어미 – di (–았/ –었/ –였)

과거시제는 동사 어간에 과거형 어미 **–di**를 붙여서 만든다. 인칭어미는 제 3형을 사용한다. 제 3형 인칭어미는 과거시제와 조건법에서 사용된다.

1인칭 단수	ko'r–di–m 나는 봤습니다	1인칭 복수	ko'r–di–k 우리는 봤습니다
2인칭 단수	ko'r–di–ng 너는 봤습니다	2인칭 복수	ko'r–di–ngiz 너희는 봤습니다
3인칭 단수	ko'r–di 그(그녀)는 봤습니다	3인칭 복수	ko'r–di–lar 그들은 봤습니다

집으로 갔다.   Men uyga bor–**di–m**.   Biz uyga bor–**di–k**.

Sen uyga bor–**di–ng**.   Siz uyga bor–**di–ngiz**.

U uyga bor–**di**.   Ular uyga bor–**di–(lar)**.

편지를 썼다.   Men xat yoz–**di–m**.   Biz xat yoz–**di–k**.

Sen xat yoz–**di–ng**.   Siz xat yoz–**di–ngiz**.

U xat yoz–**di**.   Ular xat yoz–**di–(lar)**.

4. 숫자

1) 기수

1	2	3	4	5	6	7	8	9	10
bir	ikki	uch	to'rt	besh	olti	yetti	sakkiz	to'qqiz	o'n

11	12 20	30	40	50
o'n bir	o'n ikki ...yigirma	o'ttiz	qirq	ellik

60	70	80	90	100	110
oltmish	yetmish	sakson	to'qson	yuz	yuz o'n

1,000	2,000	10,000	100,000	1,000,000
ming	ikki ming	o'n ming	yuz ming	million

Mening telefon nomerim 133-45-29.

(bir yuz o'ttiz uch - qirq besh - yigirma to'qqiz.)

제 전화번호는 133-45-29입니다.

2) 서수

서수는 기수에 -(i)nchi를 붙이면 된다.

모음으로 끝난 기수 - nchi   ikki + nchi 〉 ikkinchi   두 번째

자음으로 끝난 기수 - inchi   bir +inchi 〉 birinchi   첫 번째

A: Bugun nechanchi chislo?   오늘은 몇 월 몇일입니까?

B: Bugun 10 (o'ninchi) aprel.   오늘은 4월 10일입니다.

A: Nechanchi avtobusga chiqasiz?   몇 번 버스를 타십니까?

B: 7-(yettinchi) avtobusga chiqaman.   7번 버스를 탑니다.

단어

avtobus	버스	firma	회사
oy	달, 월	tushlik	점심
bank	은행	ishlamoq	일하다
qaytmoq	돌다, 되돌아오다	uchrashmoq	만나다
bugun	오늘	kecha	어제
qachon	언제	xat yozmoq	편지 쓰다
bo'lmoq	되다	ko'rmoq	보다
telefon	전화	chiqmoq	타다; 나가다
ertalab	아침	necha	몇; 얼마
tug'ilgan kun	생일	chislo; kun	날짜, 요일

1. A: Qachon _____dingiz?
   B: _____ _____dim.
   보기: bormoq / kecha → A: Qachon bordingiz?
                                           B: Kecha bordim.

   1) ko'rmoq / bugun
   2) uchrashmoq / kechqurun
   3) kelmoq / 5 martda
   4) bormoq / yozda
   5) ovqatlanmoq / ertalab

2. A: Bugun nechanchi kun?
   B: _____(i)nchi _____ .
   보기: Ikki (2) fevral → A: Bugun nechanchi kun?
                                          B: Ikkinchi (2) fevral.

   1) sakkiz (8) aprel
   2) o'n to'rt (14) sentabr
   3) yigirma yetti (27) iyun
   4) o'ttiz bir (31) may
   5) olti (6) dekabr

3. ___dim,___ding,___di
   ___dik,___dingiz,___dilar.
   보기: o'qimoq → o'qidim, o'qiding, o'qidi, o'qidik,
                                   o'qidingiz, o'qidilar.

   1) o'ynamoq
   2) qaytmoq
   3) ko'rmoq
   4) ishlamoq
   5) uchrashmoq

11 - DARS
KECHIRASIZ, SOAT NECHA BO'LDI?

Bobur : Kechirasiz, soat necha bo'ldi?

바부르 : 실례지만 몇 시입니까?

Ra'no : 11 (o'n bir) dan 20 (yigirma) o'tdi.

라　너 : 11시 20 분입니다.

Bobur : Soat nechadan nechagacha ishlaysiz?

바부르 : 몇 시부터 몇 시까지 일하십니까?

Ra'no : Soat 9 dan 18 gacha ishlayman.

라　너 : 9 시부터 18시까지 일합니다.

문법설명

1. 수사의문 necha? (몇; 얼마)

A: **Necha** kishi?　　　　　　　몇 명입니까?

B: Besh kishi.　　　　　　　　다섯 명.

A: **Necha** pul?　　　　　　　얼마입니까?

B: 100 (yuz) so'm.　　　　　　100 솜.

2. 탈격 조사 –dan (–에서; –에게서; –로부터; –한테서)

탈격 조사 –dan은 동작이나 행동이 비롯하는 곳을 나타내고 kimdan? (누구에게서);
nimadan? (무엇으로부터) qayerdan (어디서부터); qachondan? (언제부터);
nechadan? (몇 시부터) 등에 사용된다.

A: **Kimdan** xat oldingiz?   누구한테서 편지를 받았습니까?

B: Oʻrtogʻim**dan** xat oldim.   친구에게서 편지를 받았습니다.

A: **Nimadan** qoʻrqdingiz?   무엇 때문에 무서웠어요?

B: Kuchuk**dan** qoʻrqdim.   강아지 때문에 무서웠어요.

A: **Qayerdan** keldingiz?   어디서 오셨습니까?

B: Koreya**dan** keldim.   한국에서 왔습니다.

3. –dan (–부터) –gacha (–까지)

Ertalab**dan** kechqurun**gacha** kitob oʻqidim.

아침부터 저녁까지 책을 읽었습니다.

Toshkent**dan** Qoʻqon**gacha** mashinada 4 soatlik yoʻl.

타쉬켄트에서 코칸드까지 차로 4시간 걸립니다.

4. Soat necha boʻldi? (몇 시 입니까?)

1) 10. 00. (Soat) oʻn.

10. 30. (Soat) oʻn yarim.

2) 모음으로 끝나는 숫자는 –yu, 자음으로 끝나는 숫자는 –u를 붙인다.

11. 20. Oʻn bir–u yigirma.

12. 40. Oʻn ikki–yu qirq.

3) 실생활에서 많이 사용하는 표현은 다음과 같다.

09. 10.   Toʻqqizdan oʻnta oʻtdi.   9시에서 10분 지났다.

14. 30.   Ikki yarim / Oʻn toʻrtdan oʻttiz daqiqa oʻtdi.

14 시 반 / 14시에서 30분 지났다.

17. 55.   Beshta kam olti.   6시 5분 전.

Besh minut kam olti.   6시 5분 전.

5. 날짜

1) kun 일, hafta 주, oy 월, yil 년, asr 세기, era 기원

2) kecha 어제, bugun 오늘, ertaga 내일

3) ertalab 아침, tushda 오후, kechqurun 저녁, tun 밤

4) hafta kunlari 요일

dushanba	월요일	juma	금요일
seshanba	화요일	shanba	토요일
chorshanba	수요일	yakshanba	일요일
payshanba	목요일		

단어

boshlamoq	시작하다	uchrashuv	약속
teatr	극장	kuchuk	강아지
boʻlmoq	되다	vaqt	시간
televizor koʻrmoq	TV를 보다	qilmoq	하다
daqiqa, minut	분	yarim	반
uxlamoq	자다	qoʻrqmoq	겁내다
kechirasiz	실례지만	yoʻl	길
uy vazifasi	숙제	soat	시계; 시
kino koʻrmoq	영화 보다	oʻtmoq	지나다

1. _____dan_____daqiqa o'tdi.

   보기 : 7:20 → yettidan yigirma daqiqa o'tdi.

   1) 8:15
   2) 12:25
   3) 3:14
   4) 6:30
   5) 18:25

2. _____ta kam_____ .

   보기 : 9:45 → O'n beshta kam o'n.

   1) 7:35
   2) 11:47
   3) 2:50
   4) 6:55
   5) 20:50

3. A: Soat nechadan nechagacha____(-a/y)siz?

   B: _____dan_____gacha____(-a/y)man.

   보기 : ishlamoq / 9 / 18

   → A: Soat nechadan nechagacha ishlaysiz?
   B: 9 dan 18 gacha ishlayman.

   1) uxlamoq / 12 / 7
   2) kino ko'rmoq / 19 / 20
   3) uy vazifasi qilmoq / 20 / 21.00
   4) kitob o'qimoq / 21 / 22
   5) televizor ko'rmoq / 22 / 24

12 - DARS QAYERLIKSIZ

Dilnoza : Qayerliksiz?

딜너자 : 당신은 어느 나라 사람입니까?

Chol Su : Koreyalikman.

철수 : 저는 한국 사람입니다.

Dilnoza : Qayerda o'qiysiz?

딜너자 : 어디에서 공부하십니까?

Chol Su : Universitetda o'qiyman.

철수 : 대학교에서 공부합니다.

문법설명

1. 접미사 -lik (-인)

접미사 -lik은 체언 뒤에 붙어서 고향 혹은 지역 사람을 나타낸다.

qayer (어디) + lik 〉 qayerlik	어느 나라(지역) 사람
Koreya (한국) + lik 〉 koreyalik	한국사람; 한국인
chet el (외국) + lik 〉 chet ellik	외국인

우즈벡어에서 나라 이름은 항상 (문장 머리에서도, 문장 가운데에서도) 대문자로 쓴다.

그러나 나라 이름이 접미사 -lik과 결합하여 문장 가운데에 사용될 때는 소문자로 쓴다.

A: Qayerliksiz?	당신은 어느 나라 사람입니까?
B: Yaponiyalikman.	저는 일본 사람입니다.
A: O'rtog'ingiz qayerlik?	당신의 친구는 어느 나라 사람입니까?
B: O'rtog'im turkiyalik.	제 친구는 터키인입니다.
A: Lola qayerlik?	럴라는 어느 나라 사람입니까?
B: Lola o'zbekistonlik.	럴라는 우즈벡인입니다.

2. 현재–미래시제 어미 –a/–y (–한다, –할 것이다)

현재–미래시제는 **동사어간 + 현재–미래시제 어미 –a/–y + 인칭어미**로 구성된다.

현재–미래시제의 특징은 다음과 같다.

'–a'는 자음으로 끝나는 동사 어간 다음에 온다.

1인칭 단수	kel-a-man 나는 온다	1인칭 복수	kel-a-miz 우리는 온다
2인칭 단수	kel-a-san 너는 온다	2인칭 복수	kel-a-siz 너희는 온다
3인칭 단수	kel-a-di 그(그녀)는 온다	3인칭 복수	kel-a-dilar 그들은 온다

'–y'는 모음으로 끝나는 동사 어간 다음에 온다.

1인칭 단수	oʻqi-y-man 나는 읽는다	1인칭 복수	oʻqi-y-miz 우리는 읽는다
2인칭 단수	oʻqi-y-san 너는 읽는다	2인칭 복수	oʻqi-y-siz 너희는 읽는다
3인칭 단수	oʻqi-y-di 그(그녀)는 읽는다	3인칭 복수	oʻqi-y-dilar 그들은 읽는다

1) 현재의 시점에서 일반적으로 일어나고 있는 상황을 표현할 때 사용된다.

즉, 현재시제를 내포한다. 한국어로 번역을 하자면 '–한다'가 된다.

Karim Oʻzbekistonda yashaydi.   카림은 우즈베키스탄에서 산다.

Lobar koʻp uxlaydi.   러바르는 많이 잔다.

Ertalab soat 7 da turaman.   나는 아침 7시에 일어난다.

2) 현재의 시점으로부터 미래에 단순히 무엇을 할 것의 의미를 내포한다.

즉, 단순 미래시제를 내포한다. 한국어로 번역을 하자면 '-할 것이다'가 된다.

Ertaga kutubxonaga boraman.	내일은 도서관에 갈 것이다.
Yozda Koreyaga ketasizmi?	여름에 한국에 갈 것입니까?
Yakshanba kuni mehmon keladi.	일요일에 손님이 올 것이다.

읽기연습

Men har kuni ertalab soat 7.00 da turaman. Yuvinaman, kiyinaman, keyin nonushta qilaman. Soat 8.00 da universitetga ketaman. Universitetda darslar soat 9.00 da boshlanadi.

Soat 13.00 da oʻrtoqlarim bilan tushlik qilaman. Biroz dam olaman. Keyin kutubxonada dars qilaman.

Kechqurun soat 19.00 da uyga boraman. Oilamiz bilan birga ovqatlanamiz.

Keyin televizor koʻramiz. Soat 24.00 da uxlayman.

단어

alifbo	알파벳	boʻlmoq	되다
keyin	나중에, 후에	qaysi	어떤; 어느
bilmoq	알다	ertalab	아침
kiyinmoq	옷 입다	turmoq	일어나다
birga	같이, 함께	dam olmoq	쉬다, 휴식하다
koʻp	많다	tushlik qilmoq	점심 식사하다
biroz	조금	hamma	모두
koʻcha	거리; 골목	yashamoq	살다
boshlanmoq	시작되다	harf	문자, 철자
nonushta qilmoq	아침 식사하다	yuvinmoq	씻다

1. ____ _____ lik (–man, –san, –miz, –siz, –liklar).

보기 : Men / O'zbekiston → Men o'zbekistonlikman

1) Men / Koreya
2) Sen / Yaponiya
3) U / Turkiya
4) Biz / Amerika
5) Siz / Seul

2. _____ ____–a / –y (–man, –san, –di, –miz, –siz, –dilar).

보기 : Sen / yozmoq → Sen yozasan.

1) Biz / o'qimoq
2) U / kelmoq
3) Siz / qilmoq
4) Men / o'ynamoq
5) Sen / bormoq

3. ____ _____da____ –a / –y (–man, –san, –di, –miz, –siz, –dilar).

보기 : Biz / Toshkent / yashamoq

     → Biz Toshkentda yashaymiz.

1) Men / universitet / o'qimoq
2) U / firma / ishlamoq
3) Sen / kutubxona / dars qilmoq
4) Biz / oshxona / ovqatlanmoq
5) Siz / ko'cha / yurmoq

13 - DARS BU AVTOBUS CHORSU BOZORIGA BORADIMI?

Dilmurod : Bu avtobus Chorsu bozoriga boradimi?

딜무로드 : 이 버스는 처르수 시장에 갑니까?

Haydovchi : Yo'q, bormaydi. 28 (yigirma sakkizinchi) avtobusga chiqing.

운전사 : 아니오, 안 갑니다. 28번 버스를 타십시오.

Dilmurod : Bu yerdan uzoqmi?

딜무로드 : 여기에서 멉니까?

Haydovchi : Yo'q, yaqin. Keyingi bekatda tushasiz.

운전사 : 아니오, 가깝습니다. 다음 역에서 내리십시오.

문법설명

1. 수사의문 qancha? (몇; 얼마)

1) '몇' 의 의미를 가진다.

Qancha kishi keldi?

몇 명이 왔습니까?

O'rtog'ingizning uyida **qancha** o'tirdingiz?

친구 집에서 몇 시간 있었습니까?

2) '얼마' 라는 의미로 사용된다.

Olmaning kilosi **qancha**?

사과 1Kg에 얼마예요?

3) 접미사 −dan이 붙으면 '얼마'라는 의미로 사용된다.

Tarvuz qanchadan?

수박 얼마예요?

4) 접미사 −ga 붙으면 '얼마에'라는 의미를 가진다.

Ko'ylakni qanchaga oldingiz?

옷을 얼마에 샀어요?

2. 개수

개수는 기수에 −ta를 붙여 nechta? (몇 개)로 사용한다.

A: Nechta tarvuz olasiz?   수박을 몇 통 사시겠어요?

B: Ikkita tarvuz olaman.   수박을 두 통 살 거예요.

A: Sumkada nechta kitob bor?   가방에 책이 몇 권 있습니까?

B: Sumkada to'rtta kitob bor.   가방에 책이 네 권 있습니다.

A: Nechta talaba bor?   학생이 몇 명 있습니까?

B: Uchta talaba bor.   세 명의 학생이 있습니다.

A: Sizda nechta olma bormi?   당신에게 몇 개의 사과가 있습니까?

B: Menda uchta olma bor.   제게 세 개의 사과가 있습니다.

대화

A: Uzumning kilosi qancha?

B: 500 (besh yuz) so'm.

A: Juda qimmat-ku! Arzon bo'ladimi?

B: Bo'pti, 450 (to'rt yuz ellik) so'mdan oling.

A: Anorning kilosi qancha?

B: 300 (uch yuz) so'm.

A: Menga 2 (ikki) kilo uzum, 1 kilo anor bering.

B: Xo'p bo'ladi.

A: Qalampir necha pul?

B: Nechta olasiz?

A: Beshta.

B: Beshtasiga 50 (ellik) so'm bering.

A: Hammasi necha pul bo'ldi?

B: Hammasi 800 (sakkiz yuz) so'm bo'ldi.

A: Mana, 1,000 (ming) so'm.

B: Marhamat, 200 (ikki yuz) so'm qaytimingiz.

A: Rahmat.

B: Kelib turing.

단어

arzon	싼	ketmoq	가다
qanday, qanaqa	어떤	univermag	백화점
bekat	정거장	ko'ylak	옷
qancha	얼마	uzoq	먼
bormoq	가다; 도착하다	mehmonxona	호텔
qaytim	잔돈	yaqin	가까운
bo'y	키, 신장	narx	가격
qimmat	비싼	shahar markazi	시내
hammom	목욕탕	olmoq	사다
tushmoq	내리다		

1. _____ _____dan uzoq.

   _____ _____ga yaqin.

   보기 : universitet / bu yer → Universitet bu yerdan uzoq.

   　　　　　　　　　　　　　　Universitet bu yerga yaqin.

   1) bozor / uy
   2) bank / firma
   3) hammom / bu yer
   4) restoran / mehmonxona
   5) univermag / shahar markazi

2. A:_____ning _____qancha?

   B:_____ning _____ ___ .

   보기 : piyoz / kilosi → A: Piyozning kilosi qancha?

   　　　　　　　　　　　B: Piyozning kilosi 60 soʻm.

   1) kartoshka / narxi / 100 soʻm
   2) xona / uzunligi / 5 metr
   3) koʻylak / narxi / 5,000 soʻm
   4) Lola / boʻyi / 167.
   5) Karim / puli / koʻp

3. A: Nechta_____bor?

   B:___ta _____bor.

   보기 : qalam / 5 → A: Nechta qalam bor?

   　　　　　　　　　B: Beshta qalam bor.

   1) daftar / 2
   2) talaba / 10
   3) olma / 8
   4) odam / 20
   5) stul / 6

14 - DARS
SIZ SPORTNI YAXSHI KO'RASIZMI?

Anvar : Siz sportni yaxshi ko'rasizmi?

안바르 : 당신은 운동을 좋아합니까?

Karim : Ha, juda yaxshi ko'raman.
　　　　 Siz-chi?

카림 : 예, 매우 좋아합니다. 당신은요?

Anvar : Men ham yaxshi ko'raman.

안바르 : 서노 좋아합니다.

Karim : Qaysi sportni yaxshi ko'rasiz?

카림 : 어떤 운동을 좋아합니까?

Anvar : Basketbolni yaxshi ko'raman.

안바르: 농구를 좋아합니다.

문법설명

목적격조사 -ni (-을 / -를)

목적격은 nimani? (무엇을) kimni? (누구를) qayerni? (어디를) 의 질문에 대답하는 격이다. 목적격은 접미사 -ni (-을 / -를) 유무에 따라 형식적(한정), 비형식적(비한정)으로 나눈다. 일반적으로 구체적인 대상물에 대해서는 -ni를 붙인다.

1) 형식적 목적격　-ni (-을 / -를)

① 명사 + ni

Biz oʻzbek tilini oʻrganyapmiz.　　　　우리는 우즈벡어를 공부합니다.

Siz sportni yaxshi koʻrasizmi?　　　　당신은 운동을 좋아합니까?

165

A: U **nimani** oldi?　　　　　그(그녀)가 무엇을 받았습니까?

B: U **kitobni** oldi.　　　　　그(그녀)가 책을 받았습니다.

A: **Kimni** ko'rdingiz?　　　　누구를 보았습니까?

B: Lolani ko'rdim.　　　　　　나는 럴라를 보았습니다.

A: **Qayerni** tozaladingiz?　　어디를 청소했습니까?

B: Xonani tozaladim.　　　　　방을 청소했습니다.

② 대명사 + ni

Sizni yaxshi ko'raman.　　　　저는 당신을 좋아합니다.

Shuni bering.　　　　　　　　이것을 주세요.

Uni Kuting.　　　　　　　　　그를 기다리세요.

인칭대명사 men, sen에 −i를 붙인다. (−n−탈락 현상)

U meni　ahmoq deb o'ylaydi.　그는 나를 바보로 생각한다.

Seni shu yerda kutib turaman.　여기에서 너를 기다릴게.

③ 동사파생법 + ni

A: Nima qilishni yaxshi ko'rasiz?

당신은 무엇을 하기를 좋아하십니까?

B: Kitob o'qishni yaxshi ko'raman.

책 읽기를 좋아합니다.

166

2) 비형식적 목적격 + ø

Kecha kitob oʻqidim.	나는 어제 책을 읽었다.
Karim akasiga xat yozdi.	카림은 형에게 편지를 썼다.
Biz choy ichamiz.	우리 차를 마시자.
Anvar kino koʻrdi.	안봐르는 영화를 봤다.

참고

우즈벡어의 여격조사 **-ga, -da** (-에; -로; -에게)는 한국어로 번역을 하면 문장에서 '-을 / -를'로도 사용된다. 이것은 다음과 같이 해석된다.

Shu yerdan 8-avtobus**ga** chiqasiz.	여기에서 8번 버스를 타십시오.
Metro**da** boraman.	저는 지하철을 타고 갑니다.

대화

A: Sen voleybol oʻynashni yaxshi koʻrasanmi?

B: Yoʻq, men tennis oʻynashni yaxshi koʻraman.

A: Oʻrtoqlaring ham tennis oʻynashni yaxshi koʻrishadimi?

B: Yoq, oʻrtoqlarim tennis oʻynashni yomon koʻrishadi.

A: Ular nimani yaxshi koʻrishadi?

B: Ular futbol oʻynashni yaxshi koʻrishadi.

단어

ahmoq	바보	voleybol oʻynamoq	배구하다
sovgʻa	선물	kurash	씨름; 레슬링
basketbol	농구	yaxshi koʻrmoq	좋아하다
sport	운동	yugurish	달리기
bermoq	주다	musobaqa	경기, 시합
suzish	수영	shaxmat	체스, 장기
boks	권투	qatnashmoq	참가하다
tennis	테니스	chavandozlik	승마
futbol	축구	qaysi	어떤
tozalamoq	청소하다	choy	차
hisoblamoq	간주하다	oʻylamoq	생각하다
tushmoq	내리다;타다	kutmoq	기다리다
kino	영화		

1. _____ni _____di.

보기 : Ali / koʻrmoq → Alini koʻrdi.

1) qiz / uchratmoq
2) ish / qilmoq
3) sumka / qilmoq
4) u / bilmoq
5) siz / kutmoq

2. _____ _____ni _____(–a/y)di.

보기 : u / ingliz tili oʻrganmoq → U ingliz tilini oʻganadi.

1) oʻquvchi / sheʼr / yodlamoq
2) Nodir / uy vazifasi / tayyorlamoq
3) Karim / hamma ish / qilmoq
4) Lola / xonalar / tozalamoq
5) U / kitob / olib kelmoq

3. A : _____ ni yaxshi koʻrasizmi?
   B : Ha,_____ ni yaxshi koʻraman.

보기 : sport → A: Sportni yaxshi koʻrasizmi?
                 B: Ha, sportni yaxshi koʻraman.

1) boks
2) kitob oʻqish
3) suzish
4) choy ichish
5) u

15 - DARS
SHANBA BILAN YAKSHANBADA ISHLAMAYMAN

Shavkat : Har kuni ishlaysizmi?

샤브캇 : 매일 일하십니까?

Go'zal : Yo'q, shanba bilan yakshanbada ishlamayman.

고잘 : 아니오, 토요일과 일요일에는 일하지 않습니다.

Shavkat : Bu shanbada vaqtingiz bormi?

샤브캇 : 이번주 토요일에는 시간이 있습니까?

Go'zal : Afsuski, shanba kuni uchrashuvim bor.

고잘 : 유감스럽게도, 토요일에는 약속이 있습니다.

문법설명

1. 후치사 bilan (와/과; 하고)

후치사 bilan은 다양한 의미를 나타낸다. 예를 들면 다음과 같다.

1) 둘 이상의 사물을 같은 자격으로 이어 준다.

It **bilan** mushuk.

개와 고양이.

2) 일 따위를 함께 함을 나타낸다.

Kecha o'rtoqlarim **bilan** futbol o'ynadim.

어제는 친구들과 축구를 했다.

170

3) 어떤 일의 수단-도구를 나타낸다.

Mevani pichoq bilan arch.

과일을 칼로 깎아라.

4) 명사형 접미사 -(i)sh + 소유어미의 형태가 bilan과 연결되면, '하자마자'의
의미를 나타낸다.

Dars tugashi bilanuyga ketaman.

수업이 끝나자마자 집으로 간다.

2. 현재-미래시제의 부정형 어미 -ma (-지 않다; 안)

현재-미래시제의 부정형은 **동사어간 + 부정형 어미 -ma + 현재-미래시제 어미 -y +
인칭어미**로 구성된다.

Men bugun ishla**may**man. 나는 오늘 일하지 않습니다.

Sen ertaga universitetga bor**may**san. 너는 내일 대학교에 가지 마라.

U sigaret chek**may**di. 그는 담배를 피우지 않습니다.

Biz Toshkentda yasha**may**miz. 우리는 타슈켄트에서 살지 않습니다.

Siz ovqat tayyorla**may**siz. 당신은 음식을 만들지 않습니다.

Ular uy vazifasini qil**may**dilar. 그들은 숙제를 하지 않습니다.

읽기연습

O'ZBEKISTON

O'zbekiston Markaziy Osiyoning o'rta qismida joylashgan.
U Qirg'iziston, Qozog'iston, Turkmaniston, Tojikiston va
Afgoniston bilan chegaradosh. O'zbekiston Respublikasining
maydoni 447,4 ming kvadrat kilometr, aholisi 25,563,441 kishi.
Poytaxti Toshkent.
O'zbekistonning iqlimi quruq va issiq. O'zbekistonda oltin,
gaz, neft, rangli metal, ko'mir va 90 dan ortiq boshqa tabiiy
zaxiralar mavjud. O'zbekistonning oltini jahon bozorida eng
toza va sifatli oltin hisoblanadi. O'zbekiston Markaziy Osiyoda
eng ko'p paxta yetishtiradigan davlatdir. O'zbekistonning
asosiy aholisi o'zbeklardir. Shu bilan birga 100 dan ortiq
boshqa millat vakillari ham yashaydilar.

단어

afsuski	유감스럽게	tabiiy zaxira	천연자원
oltin	금	iqlim	기후
ahmoq	바보	tajribali	경험이 많은
paxta	면화	kutib olmoq	마중 나가다
aholi	인구; 백성	xafa	섭섭한, 서운한
poytaxt	수도	ko'rishguncha	다시 만날 때까지
band	바쁘다	xursand	기쁘다
qazilma	지하자원	mavjud	존재
bekat	정거장; 역	yosh bola	어린이
sotib olmoq	사다	maydon	면적, 광장, 운동장
bo'sh	한가하다; 빈	chegaradosh	접한 곳, 인접국

172

1. _____bilan _____.

   보기 : aka / uka → Aka bilan uka.

   1) kitob / daftar
   2) stol / stul
   3) olma / anor
   4) do'st / dugona
   5) maktab / universitet

2. _____ bilan _____di.

   보기: kecha biznikiga Lola / Karim kelmoq
   → Kecha biznikiga Lola bilan Karim keldi.

   1) u bugun o'rtoqlari / uchrashmoq
   2) Barno / Nodira kinoga bormoq
   3) Anvar Dilshod / uy vazifasini tayyorlamoq
   4) u dugonasi / gaplashmoq
   5) Nilufar / Madina rasmga tushmoq

3. ____ _____may (–man, –san, –di, –miz, –siz, –lar).

   보기: sen / universitetga / bormoq
   → Sen universitetga bormaysan.

   1) men / sigaret chekmoq
   2) u / sizni sevmoq
   3) Rustam / O'zbekistonga / ketmoq
   4) biz / ishga bormoq
   5) sen bu ishni / qilmoq

16 - DARS
YOG'SA KERAK, HAVO BULUTLI

Aziz : Bugun yomg'ir yog'adimi?

아지즈 : 오늘 비가 올까?

Shahlo : Yog'sa kerak, havo bulutli.

샤흘러 : 올 것 같아, 구름이 끼었어.

Aziz : Kecha yomg'ir yog'dimi?

아지즈 : 어제 비가 왔니?

Shahlo : Yo'q, kecha yomg'ir yog'madi.

샤흘러 : 아니, 어제 비가 오지 않았어.

문법설명

1. -sa kerak (-ㄴ/는; -ㄹ/을 것 같다)

-sa kerak은 동사어간 뒤에 쓰여 추측이나 불확실한 단정을 나타낸다.

olmoq (받다) → ol+sa kerak (받을 것 같다); bermoq (주다) → ber+sa kerak (줄 것 같다)

Shavkat Seulga bor**sa kerak.**	샤브캇은 서울에 갈 것 같다.
Lola o'zbekchani yaxshi bil**sa kerak.**	럴라는 우즈벡어를 잘 하는 것 같다.
Shu bola talaba bo'l**sa kerak.**	저 아이는 학생 같아요.

2. 형용사 형성접미사 -li (-이 있는; -이 많은)

명사에 형용사 형성접미사 -li가 붙어 명사의 존재, 상태 여부를 나타낸다.

bulut (구름) + li 〉 bulutli (구름 낀; 구름이 많은)

aql (지혜) + li 〉 aqlli (지혜로운, 똑똑한)

soqol (턱수염) + li 〉 soqolli (턱수염이 있는)

Bugun havo bulutli.

오늘은 날씨가 흐리다.(구름이 많다.)

Karim aqlli yigit.

카림은 똑똑한 청년이다.

Sizni soqolli erkak soʻrab keldi.

턱수염이 있는 남자가 당신을 찾아 왔어요.

3. 부정형 어미 −ma (−지 않다)

과거시제의 부정형은 **동사어간 + 부정형 어미 −ma + 과거시제어미−di + 인칭어미**로 붙여서 나타낸다.

1인칭 단수	ich+ma+di+m 나는 마시지 않았다	1인칭 복수	ich+ma+di+k 우리는 마시지 않았다
2인칭 단수	ich+ma+di+ng 너는 마시지 않았다	2인칭 복수	ich+ma+di+ngiz 너희는 마시지 않았다
3인칭 단수	ich+ma+di 그는 마시지 않았다	3인칭 복수	ich+ma+di+lar 그들은 마시지 않았다

Bugun qor yogʻmadi.   오늘은 눈이 내리지 않았습니다.

Ertalab nonushta qilmadim.   나는 아침을 먹지 않았습니다.

Biz sut ichmadik.   우리는 우유를 마시지 않았습니다.

U Seuldan kelmadi.   그는 서울에서 오지 않았습니다.

대화

A : Ertaga dars bo'lmasa kerak.

B : Nimaga?

A : O'qituvchimiz kasal bo'lib qolibdi.

B : Unda men ham darsga kelmayman.

A : Ertaga qor ham yog'sa kerak.

B : To'g'ri aytsam, havo juda sovuq.

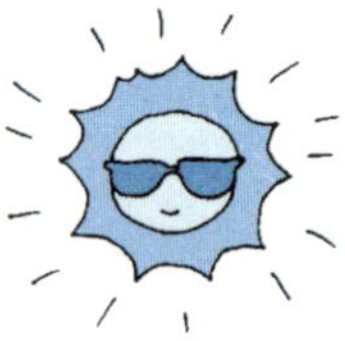

quyosh

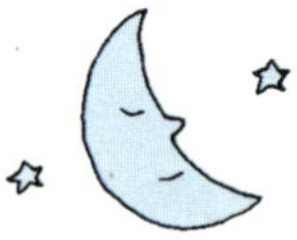

oy

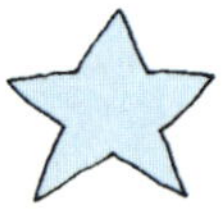

yulduz

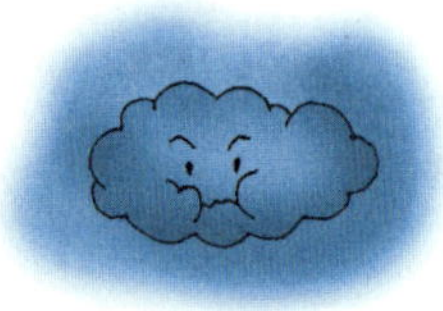

bulut

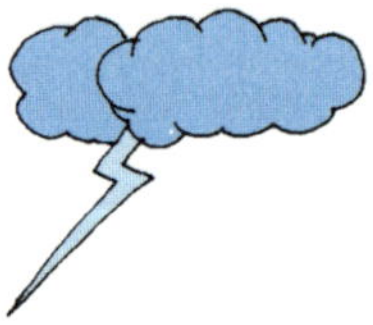

chaqmoq

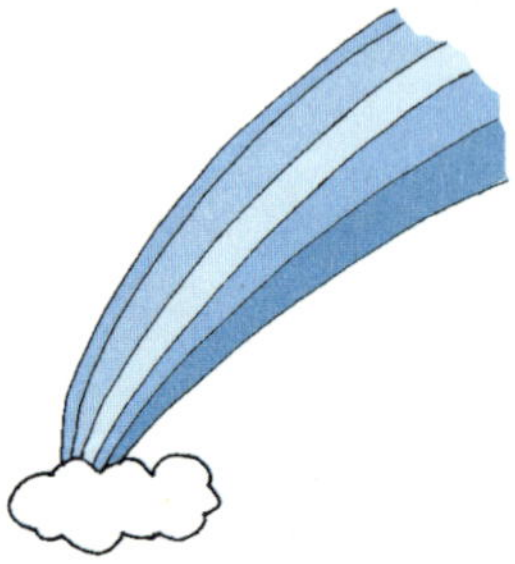

kamalak

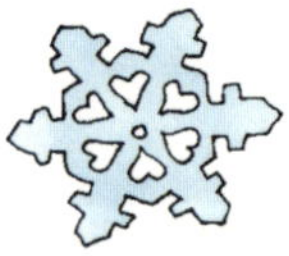

qor

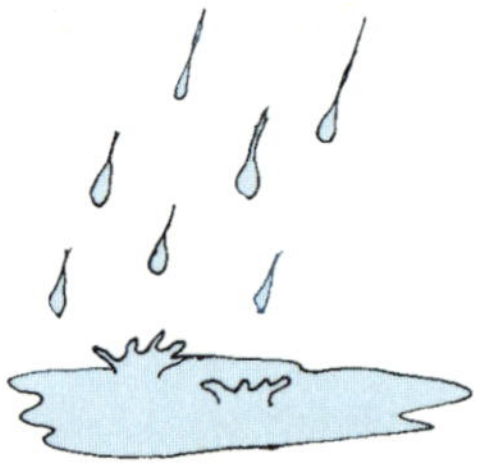

yomg'ir

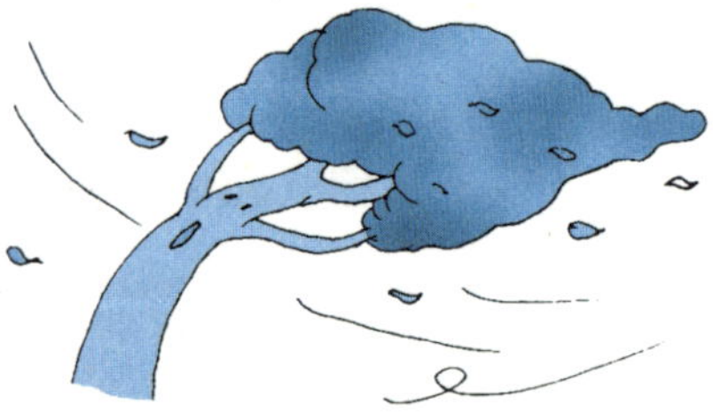

shamol

읽기연습

YIL FASLLARI

Oʻzbekistonda qish (dekabr, yanvar)da havo sovuq boʻladi. Yomgʻir va qor yogʻadi, sovuq shamol esadi. Harorat minus 10–12 darajaga tushadi. Fevralda ham hali salqin: harorat 10–15 daraja sovuq boʻladi.

Bahor (mart, aprel)da kunlar isiydi. Harorat 15–20 daraja issiq boʻladi. Bu oylarda yomgʻir koʻp yogʻadi.

Yoz (iyun, iyul, avgust)da havo juda issiq boʻladi. Harorat 39–42 daraja issiq boʻladi.

Kuz (sentabr, oktabr)da kunduzi havo iliq boʻladi. Noyabrda esa tez–tez yomgʻir yogʻadi.

단어

aql	지혜	tushmoq	내리다
qish	겨울	iliq	따뜻하다
bahor	봄	toʻxtamoq	서다, 멈추다
qor	눈	isimoq	더워지다
bulut	구름	yomgʻir	비
salqin	시원하다	kuz	가을
daraja	정도	yoz	여름
soqol	턱수염	koʻzoynak	안경
esmoq	불다	yogʻmoq	(비/눈) 내리다
soʻrab kelmoq	물어오다, 찾아오다	majlis	회의, 모임
fasl	계절	oʻtgan hafta	지난주
tajriba	경험	meva	과일
harorat	온도	shamol	바람
tez-tez	자주, 종종, 빨리	muzqaymoq	아이스크림
havo	날씨; 공기	charchamoq	피곤하다

1. A: _____ _____ (–a/y)dimi?
   B: _____ sa kerak.

   보기 : bugun / kelmoq → A: Bugun keladimi?
   　　　　　　　　　　　　 B: Kelsa kerak.

   1) qor / yog'moq
   2) dars / bo'lmoq
   3) kinoga / bormoq
   4) muzqaymoqni / yaxshi ko'rmoq
   5) avtobus / to'xtamoq

2. _____li _____.

   보기 : aql / qiz → Aqlli qiz.

   1) bola / ayol
   2) mashina / yigit
   3) ko'zoynak / kishi
   4) meva / muzqaymoq
   5) tajriba / o'qituvchi

3. ____ _____ ma (–dim, –ding, –di, –dik, –dingiz, –dilar).
   보기 : siz / yaxshi o'ylamoq → Siz yaxshi o'ylamadingiz.

   1) u / shaxmat o'ynamoq
   2) men / charchamoq
   3) sen / dars tayyorlamoq
   4) biz / Lolani ko'rmoq
   5) ular / majlisga qatnashmoq

17 - DARS   KIYIB KO'RING

Xaridor : Shu ko'ylakni ko'rsatib yuboring.

손님 : 저 옷을 좀 보여주세요.

Sotuvchi : Mana, marhamat.

판매원 : 자, 여기요.

Xaridor : Razmeri nechanchi?

손님 : 사이즈가 어떻게 돼요?

Sotuvchi : 48-razmer, kiyib ko'ring.

판매원 : 48 사이즈요, 입어 보세요.

Xaridor : Bundan kichik razmeri bormi?

손님 : 이보다 작은 사이즈가 있어요?

Sotuvchi : Ha, bor.

판매원 : 예, 있어요.

Xaridor : Ko'ylak menga yoqdi, olaman.

손님 : 이 옷이 맘에 들어요, 살게요.

문법설명

복합동사

술어부분에 동사형태가 두 개 존재하는 경우가 있다. 이 두 동사는 형태상, 선행동사는 동사어간 + (i)b 이나, 동사어간 + a / y로 나타나며, 후행동사는 본래의 동사적 모습을 가진다. 이런 형태의 동사를 복합동사라 하기도 한다.

1) −(i)b yubormoq (−어 버리다; −어 주다)

U kishi joʻnab **yuboribdi.**   그 사람은 떠나 버렸다.

Oʻsha tuflini sotib **yuboribdi.**   그 구두를 팔아 버렸다.

Mana bu shimni koʻrsatib **yuboring.**   이 바지를 좀 보여주세요.

Mashinani toʻxtatib **yuboring.**   자동차를 세워주세요.

2) −(i)b bermoq (−어 주다)

Karim ukasiga kitob oʻqib **beradi.**   카림은 남동생에게 책을 읽어 준다.

Jiyanimga rasm chizib **berdim.**   나는 조카에게 그림을 그려 주었다.

3) −(i)b koʻrmoq (−어 보다)

Ovqatni yeb **koʻr.**   음식을 좀 먹어 봐.

Men ham bir marta borib **koʻrganman.** 나도 한 번 가 보았어요.

4) −(i)b qoʻymoq (−어 두다, 놓다)

Ertaga koʻrgani borishimni aytib **qoʻying.**

내일 찾아뵙겠다고 말해 놓으세요.

Eski gazetalarni bogʻlab **qoʻydim.**

날짜가 지난 신문을 묶어 두었어요.

5) −(i)b oʻtirmoq (−고 있다)

Hozir xat yozib **oʻtiribdi.**   지금 편지를 쓰고 있다.

Shahlo ovqat yeb **oʻtiribdi.**   샤흘러가 밥을 먹고 있다.

읽기연습

O'ZBEK MILLIY KIYIMLARI

O'zbeklarda do'ppi, to'n, mahsi, kalish, nimcha, atlas ko'ylak va boshqalar milliy kiyim hisoblanadi. O'zbek erkaklarining ko'pchiligi boshlariga do'ppi kiyadilar. O'zbek do'ppilarining Qo'qon, Marg'ilon, Chust singari turlari bor.

Erkaklar turli marosimlarda, ba'zan uyda to'n kiyadilar. Ayollar ko'pincha atlas ko'ylak va lozim kiyadilar.

단어

ba'zan	가끔, 때때로	kiymoq	입다
milliy kiyim	민속의상	singari	등; ~과 같이
boshqa	다른	kichik	작다
nimcha	조끼	tashlamoq	버리다
gazeta	신문	ko'pincha	보통, 일반적으로
ovqat pishirmoq	요리하다	tur	종류
hisoblamoq	여기다, 세다	ko'pchilik	대부분
pivo	맥주	varrak	연
jiyan	조카	ko'ylak	옷
qilmoq	하다	yasamoq	만들다
jo'natmoq	보내다	marosim	예식, 행사
qurmoq	짓다	o'tkazmoq	지나가게 하다, 보내다
kalish	고무신	marta	(몇) 번
razmer	사이즈	she'r	시

1. _____ _____ -(i)b berdi.

보기 : xat / yozmoq → Xat yozib berdi.

1) uy / qurmoq
2) varrak / yasamoq
3) ovqat / pishirmoq
4) uy vazifasi / qilmoq
5) rasm / chizmoq

2. _____ _____ -(i)b koʻrdim.

보기 : ovqatni / yemoq → Ovqatni yeb koʻrdim.

1) shu ishni / qilmoq
2) u yerga / bormoq
3) sheʼr / yozmoq
4) bu kitobni / oʻqimoq
5) pivo / ichmoq

3. _____ _____ -(i)b yuboring.

보기 : qogʻozni / tashlamoq → Qogʻozni tashlab yuboring.

1) meni / oʻtkazmoq
2) ishni / boshlamoq
3) xatni / joʻnatmoq
4) mashinani / toʻxtatmoq
5) uni / qoʻymoq

18 - DARS
RANGI HAM CHIROYLI EKAN

Gulnora : Bu ko'ylak sizga juda yarashibdi.

굴너라 : 이 옷은 당신에게 잘 어울려요.

Dilnoza : Rahmat, kecha Chorsu
bozoridan sotib oldim.

딜너자 : 감사합니다. 어제 처르수 시장에서 샀어요.

Gulnora : Kechirasiz, necha pul ekan?

굴너라 : 실례시만, 얼마예요?

Dilnoza : 5,000 (besh ming) so'm.

딜너자 : 5,000 솜이에요.

Gulnora : Narxi ham arzon, rangi ham
chiroyli ekan. Buyursin.

굴너라 : 값도 싸고, 색깔도 예쁘네요. 예쁘게 입으세요.

문법설명

1. 과거시제 –(i)b (–더라)

과거시제는 **동사어간 + 부동사 어미–(i)b + 인칭어미**를 붙여서 나타낸다.

과거시제 **–(i)b**은 세 가지를 표현하는데 사용된다.

1) –(i)b은 다른 사람에게서 들은 내용을 상대방에게 전할 때 사용된다.

Karim maktabga ketibdi.

카림은 학교에 갔(다)더라.

Poyezd bir soat oldin jo'nab ketibdi.

기차는 한 시간 전에 출발하였(다)더라.

2) -(i)b은 1 인칭에는 자신의 특별한 경험이나, 또는 자신의 꿈을 상대방에게 이야기 할 때 사용된다.

Kecha ertalabgacha dars qilibmiz. 우리는 어제 밤 세워 공부했어.
Tushimda shaxzoda bolib qolibman. 꿈 속에서 나는 왕자가 되었더라.

3) -(i)b은 yarashmoq, yotmoq, turmoq, yurmoq, o'tirmoq 등의 동사에서 사용 되면 현재 시제로 쓰인다.

Bu ko'ylak sizga juda yarashibdi. 이 옷은 당신에게 잘 어울려요.
Yaxshi yuribsizmi? 당신은 잘 지내십니까?

a) -ib은 자음으로 끝나는 동사 어간 다음에 온다.

1인칭 단수	ket-ib-man 내가 갔다대	1인칭 복수	ket-ib-miz 우리가 갔다대
2인칭 단수	ket-ib-san 네가 갔다더라	2인칭 복수	ket-ib-siz 너희가 갔다더라
3인칭 단수	ket-ib-di 그가 갔다더라	3인칭 복수	ket-ib-dilar 그들이 갔다더라

b) -b은 모음으로 끝나는 동사 어간 다음에 온다.

1인칭 단수	o'qi-b-man 내가 읽었다대	1인칭 복수	o'qi-b-miz 우리가 읽었다대
2인칭 단수	o'qi-b-san 네가 읽었다더라	2인칭 복수	o'qi-b-siz 너희가 읽었다더라
3인칭 단수	o'qi-b-di 그가 읽었다더라	3인칭 복수	o'qi-b-dilar 그들이 읽었다더라

2. 접미동사 ekan (-던데)

접미동사 **ekan**은 과거의 어떤 일에 감탄하는 뜻을 넣어 서술함으로써 그에 대한 청자의 반응을 기다리는 태도를 나타낸다.

Chorsu bozorida sabzavotlar ham arzon, ham yangi **ekan**.

처르수 시장은 야채가 싸고 신선하던데요.

Lola juda chiroyli **ekan**.

럴라는 아주 미인이던데요.

U uyda **ekan**.

그는 집에 있던데.

*부정형 emas ekan (-지 않던데)

Imtihon unchalik qiyin **emas ekan**.

시험은 별로 어렵지 않던데요.

Kitob qiziqarli **emas ekan**.

책은 재미있지 않던데요.

대화

A: Rustam Koreyadan qaytib kelibdimi?
B: Ha, qaytib kelibdi.
A: Qachon qaytib kelibdi?
B: O'tgan hafta qaytib kelibdi.

A: Lola chiroyli ekanmi?
B: Ha, chiroyli ekan.
A: Barno ham chiroyli ekanmi?
B: Yo'q, barno chiroyli emas ekan.

읽기연습

CHOL SUNING HIKOYASI

Men Oʻzbekistonga Janubiy Koreyadan keldim. Mening oilam Busan shahrida yashaydi. Men shu shaharda tugʻilib oʻsdim. Maktabda, litseyda keyin Busan Chet tillari universitetida oʻqidim.

Hozir men Toshkentda yashayapman. Oʻzbekiston Milliy universitetining tayyorlov fakultetida oʻzbek tili oʻrganyapman.

Bu yerning iqlimi quruq ekan. Meva-chevalar ham moʻl ekan. Oʻzbek xalqi juda mehmondoʻst va mehribon ekan. Oʻzbekistonga ancha oʻrganib qoldim.

다음 질문에 대답하세요.

1. Chol Su Oʻzbekistonga qayerdan keldi?
2. Chol Su Koreyada qayerda oʻqidi?
3. Hozir Chol Su qaysi universitetda oʻqiyapti.
4. Oʻzbekistonning iqlimi qanday ekan?

단어

buyursin	예쁘게 입으세요	mehribon	너그럽다
qiziqarli	재미있다	tugʻilmoq	태어나다
bu yer	이곳	meva-cheva	과일
quruq	건조하다, 마른	xalq	국민
iqlim	기후	moʻl	많다
rang	색깔	yarashmoq	어울리다
joʻnab ketmoq	출발하다	narx	값
sotmoq	팔다	oʻsmoq	자라다
koʻk choy	녹차	poyezd	기차
sotib olmoq	사다	shirin	달다, 맛있다
mehmondoʻst	친절하다	qaytib kelmoq	되돌아오다
tayyorlov fakulteti	예비학교	chiroyli	아름답다

1. _____ni _____–(i)bdi.

   보기 : kitob / oʻqimoq → Kitobni oʻqibdi.

   1) uy vazifasi / qilmoq
   2) ovqat / pishirmoq
   3) xona / tozalamoq
   4) uy / sotmoq
   5) pul / bermoq

2. A: Qanaqa _____ ekan?
   B: _____ _____ ekan

   보기 : yaxshi / odam → A: Qanaqa odam ekan?
   B: Yaxshi odam ekan.

   1) aqlli / bola
   2) qiziqarli / kitob
   3) chiroyli / qiz
   4) qizil / qalam
   5) koʻk / choy

3. A: _____ _____ ekanmi?
   B: Yoʻq, _____ _____emas ekan.

   보기: kino / qiziqarli → A: Kino qiziqarli ekanmi?
   B: Yoʻq, qiziqarli emas ekan.

   1) ovqat / shirin
   2) havo / sovuq
   3) imtihon / qiyin
   4) qiz / chiroyli
   5) u / Karim

19 - DARS
UYINGIZ BOZORNING YONIDAMI?

Farhod : Qayerda yashaysiz?

파르헛 : 당신은 어디에 사십니까?

Zamira : Chilonzorda yashayman.

자미라 : 칠란자르에 삽니다.

Farhod : Hovlidami yoki ko'p

qavatli uydami?

파르헛 : 단독주택요, 아파트요?

Zamira : Ko'p qavatli uyda.

자미라 : 아파트에서 삽니다.

Farhod : Uyingiz bozorning

yonidami?

파르헛 : 댁이 시장 옆입니까?

Zamira : Ha, bozorning yonida.

자미라 : 예, 시장 옆입니다.

문법설명

1. 방향과 위치

우즈벡어에서 방향과 위치를 나타내는 어휘: **tomon** 방향, **ust** 위, **ost, tag** 아래, **old** 앞, **orqa** 뒤, **o'rta** 중간, **yuqori** 위, **past** 밑, **ich** 안; 속, **ichkari** 안, **tashqari** 밖, **yon** 옆, **ro'para** 맞은편, **to'g'ri** 정면, **o'ng** 오른쪽, **chap** 왼쪽.

우즈벡어에서 위치는 위치 어휘 + 소유격 인칭어미 **–(s)i** + 접미사 **–ga**(-로), **–da**(-에), **–dan**(-부터) 등을 붙여 사용한다.

1) 자음으로 끝나는 위치 어휘의 소유격 인칭어미 –i

Stolning ustida daftar va kitob bor.

책상 위에 공책과 책이 있다.

2) 모음으로 끝나는 위치 어휘의 소유격 인칭어미 –si

U yo'lning o'rtasida turibdi.

그는 길 가운데에 서 있다.

A: Ruchka qayerda?   볼펜은 어디에 있습니까?
B: Sumkamning **ichida**.   내 가방 안에 있습니다.

A: Oshxona qayerda?   식당은 어디에 있습니까?
B: Bozorning **oldida**.   시장 앞에 있습니다.

A: Guldon qayerda?   꽃병은 어디 있어요?
B: Stolning **ustida**.   책상 위에 있어요.

A: Telefon qayerda?   전화는 어디 있어요?
B: Televizorning **yonida**.   텔레비전의 옆이예요.

A: Bank qayerda?   은행은 어디 있어요?
B: Universitetning **orqasida**.   대학교 뒤에 있어요.

A: Mushuk qayerda?   고양이는 어디 있어요?
B: Divannig **tagida**.   소파 밑에요.

A: Mehmonxona qayerda?   호텔은 어디 있어요?
B: Muzeyning **ro'parasida**.   박물관 맞은 편에 있어요.

2. Yoki (또는; −이나; −거나)

Dushanba **yoki** chorshanba kuni keling.

월요일 또는 수요일에 오십시오.

Qora **yoki** ko'k ruchka ishlating.

검정색 또는 파란색 볼펜을 사용하십시오.

Lola ertalab sut **yoki** choy ichadi.

럴라는 아침에 우유나 차를 마신다.

O'rtog'imning tug'ilgan kuniga gul **yoki** kitob sovg'a qilaman.

친구 생일에 꽃이나 책을 선물합니다.

Ota−onamga xat yozaman **yoki** telefon qilaman.

부모님께 편지를 쓰거나 또는 전화를 합니다.

Yakshanba kuni o'rtog'im bilan uchrashaman **yoki** tennis o'ynayman.

일요일에 친구를 만나거나 테니스를 친다.

Olma qayerda?

Kuchuk qayerda?

O'qituvchi qayerda?

Mushuk qayerda?

BIZNING UYIMIZ

Biz ko'p qavatli uyda yashaymiz. Uyimizning yonida bozorcha, sport maydonchasi, oldida oziq-ovqat do'koni va nonvoyxona, orqasida metro bekati bor.

Uyimizning xonalari juda chiroyli va yorug'. Mening xonam kichkina, lekin juda shinam. Xonamda polga gilam to'shalgan. Karavotning yonida tumbochka bor. Tumbochkaning ustida tungi chiroq bor. Dars qilishim uchun stol qo'yilgan. Stolning ustida komputer, lampa, qalamdon, ota-onamning rasmi bor. Stolning yonidagi kitob javonida kitoblar bor. Xonam hamisha ozoda va saranjom.

단어

bank	은행	hojatxona	화장실
nonvoyxona	빵집	xona	방
bozorcha	작은 시장	hovli	마당;단독주택
oyna	유리; 거울	tinglamoq	듣다
damlamoq	(차를)우려내다	juda	매우, 아주
oziq-ovqat do'koni	식료품점	tumbochka	서랍장
gilam	양탄자	jurnal	잡지
ozoda	깨끗하다	tungi chiroq	스탠드
gul	꽃	karavot	침대
qatiq	요구르트	turli	여러 종류의
hamisha	항상	kitob javoni	책장
saranjom	정돈되다	to'shalmoq	펼치다; 깔다
hammom	목욕탕	ko'p qavatli uy	아파트
sartaroshxona	미용실	yashamoq	살다
hikoya	이야기	metro bekati	지하철역
soyabon	우산	shinam	아담하다

1. A: _____ qayerda?
   B: _____ning _____(–i/–si)da.
   보기 : mehmonxona / bozor yon → A: Mehmonxona qayerda?
   B: Bozorning yonida.

   1) muzey / universitet orqa
   2) hammom / sartaroshxona yon
   3) hojatxona / bino ich
   4) kutubxona / oshxona ro'para
   5) lampa / stol ust

2. _____ yoki _____ (–a/y)di.
   보기 : choy / sut ichmoq → Choy yoki sut ichadi.

   1) gazeta / jurnal o'qimoq
   2) magnitafon / radio tinglamoq
   3) tennis / futbol o'ynamoq
   4) qalam / ruchka sotib olmoq
   5) she'r / hikoya yozmoq

3. _____ yoki _____ (–a/y)man.
   보기 : gazeta o'qimoq / televizor ko'rmoq
         → Gazeta o'qiyman yoki televizor ko'raman.

   1) kutubxonaga bormoq / uyda dars qilmoq
   2) kitob o'qimoq / televizor ko'rmoq
   3) cho'milmoq / yuvinmoq
   4) choy damlamoq / kofe damlamoq
   5) qatiq ichmoq / olma yemoq

20 - DARS
SOCHIMNI KESTIRMOQCHIMAN

Dilfuza : Sochimni kestirmoqchiman.

딜푸자 : 머리를 자르려고 해.

Go'zal : Men ham. Kel, hozir sartaroshxonaga
boramiz.

고잘 : 나도. 지금 미장원에 가자.

Dilfuza : Bo'pti, ketdik.

딜푸자 : 좋아, 가자.

Sartarosh: Kelinglar. Soch kestirmoqchimisizlar?

미용사 : 어서오세요. 머리를 자르고 싶으세요?

Dilfuza : Men sochimni kestirmoqchiman, dugonam
esa bo'yatmoqchi.

딜푸자 : 저는 머리를 자르고, 제 친구는 염색을 하려고 합니다.

Sartarosh : Yaxshi, mana bu yerga o'tiringlar.

미용사 : 알겠습니다, 자 이곳에 앉으세요.

문법설명

1. 의도형 미래시제어미 –moqchi (–하려고 하다)

이 시제는 미래에 대한 의도를 나타낸다.

의도형 미래시제는 **동사어간 + 미래시제 어미 –moqchi + 인칭어미**로 구성된다.

1인칭 단수	bor-moqchi-man 나는 가려고 합니다	1인칭 복수	bor-moqchi-miz 우리는 가려고 합니다
2인칭 단수	bor-moqchi-san 너는 가려고 합니다	2인칭 복수	bor-moqchi-siz 당신은 가려고 합니다
3인칭 단수	bor-moqchi 그는 가려고 합니다	3인칭 복수	bor-moqchi-lar 그들은 가려고 합니다

A: Bugun kechqurun nima qil**moqchisiz**?

오늘 저녁에 무엇을 하려고 하십니까?

B: Kino ko'r**moqchiman**.

영화를 보려고 합니다.

A: Ertaga nima kiy**moqchisiz**?

내일은 무엇을 입을려고 하십니까?

B: Shim kiy**moqchiman**.

바지를 입으려고 합니다.

2. 의도형 미래시제의 부정형 emas(-지 않다)

부정어 **emas**는 어떤 사실을 부정하는 뜻을 나타낸다. 일반적으로 체언 다음에 오며, 가끔 용언 뒤에 오는 경우도 있다. 인칭어미는 항상 **emas** 다음에 붙는다.

그 예는 다음과 같다.

Men yozmoqchi **emas**man. 나는 적을 의도가 없다.(아니다)

Ular ko'rmoqchi **emas**lar. 그들을 볼 의도가 없다.

Siz bormoqchi **emas**siz. 당신은 갈 생각이 없습니다.

Sen eshitmoqchi **emas**san. 너희들은 생각이 없구나.

U kelmoqchi **emas**. 그(녀)는 오려고 하지 않는다.

Men uni koʻrmoqchi **emas**man.   나는 그(녀)를 보고 싶지 않다.

Biz sotmoqchi **emas**miz.   우리는 팔 생각이 없습니다.

발음의 기본 규칙

모음으로 끝나는 어간 뒤의 emas는 'e'가 묵음이 되고, 자음으로 끝나는 뒤의
emas는 'e'가 'a'로 발음된다.
talaba emas〉[talabamas], band emas 〉[bandamas]

3. 접속사 -esa (그러면; 그런데; -고, 반면)

접속사 -esa는 여러 가지 의미를 지니기 때문에 문장에 따라 해석을 달리 해야 한다. 대
표적인 예는 다음과 같다.

1) 두 가지 이상의 사실을 나열할 때 쓰인다.

Bu qalam, u **esa** ruchka.

이것은 연필이고, 그것은 볼펜이다.

Bu talaba, u **esa** ishchi.

이 사람은 대학생이고, 그 사람은 노동자이다.

2) 두 가지 사건이 같은 시간에 동시적으로 발생할 때 쓰인다.

Men ashula aytdim, singlim **esa** oʻyinga tushdi.

나는 노래를 불렀고, 반면 여동생은 춤을 추었다.

3) 앞의 내용과 상반된 내용을 이끌 때 쓰인다.

Ukam uy vazifasini allaqachon tugatib chiqib ketdi. Men **esa**
haligacha oʻtiribman.

동생은 벌써 숙제를 하고 나갔어요. 그런데 저는 아직도 숙제를 끝내지 못했어요.

대화

A: Yakshanba kuni nima qilmoqchisiz?

B: Shahar markaziga bormoqchiman.

A: Shahar markazida nima qilmoqchisiz?

B: Dugonam bilan uchrashmoqchiman.

A: Siz bitiruv kechasiga yangi ko'ylak tiktirmoqchimisiz?

B: Yo'q, ko'ylak tiktirmoqchi emasman.

A: Unda sotib olmoqchimisiz?

B: Ha, sotib olmoqchiman.

단어

allaqachon	벌써, 이미	yangi	새롭다
ovqat qilmoq	음식을 만들다	kir yuvmoq	빨래하다
ashula aytmoq	노래 부르다	yordam bermoq	도와주다
sartaroshxona	미용실, 이용원	ko'ylak	옷, 셔츠
bitiruv kechasi	졸업식	o'yinga tushmoq	춤을 추다
soch kestirmoq	머리 자르다	majlis	회의, 모임
bo'yatmoq	염색하다	o'chirg'ich	지우개
tiktirmoq	꿰매게 하다	mehmonga bormoq	방문하다
dam olmoq	쉬다	shahar aylanmoq	도시를 구경하다

1. _____ _____moqchi (–man, –san, –miz, –siz, –lar)
   보기 : men sizni / taetrga taklif qilmoq
   → Men sizni teatrga taklif qilmoqchiman.

   1) men / kinoga bormoq
   2) u / toqqa chiqmoq
   3) biz / uyda dam olmoq
   4) siz / mehmonga bormoq
   5) ular / shahar aylanmoq

2. _____ _____emas (–man, –san, –di, –miz, –siz, –lar).
   보기 : men / kasal   → Men kasal emasman.

   1) biz / sizni xafa qilmoqchi
   2) siz / yosh bola
   3) men / ahmoq
   4) u / hozir uxlamoqchi
   5) ular / bugun ketmoqchi

3. _____, _____ esa _____ .
   보기 : men kitob o'qidim / do'stim / uxladi
   → Men kitob o'qidim, do'stim esa uxladi.

   1) Lola qalam sotib oldi / Karim / o'chirg'ich sotib oldi
   2) Men olmani yaxshi ko'raman / ukam / nokni yaxshi ko'radi
   3) Bu daftar / u / kitob
   4) Opasi keldi / singlisi / ketdi
   5) Onam ovqat pishirdilar / men / yordam berdim

21 - DARS
SO'MNI DOLLARGA ALMASHTIRMOQCHI EDIM

Rustam : Kechirasiz, so'mni dollarga almashtirmoqchi edim.

루스탐 : 실례합니다, 숨을 달러로 바꾸려고 하는데요.

Bank xodimi : Qancha so'm almashtirmoqchisiz?

은행원 : 얼마를 바꾸려고 하십니까?

Rustam : 100,000 so'm. Bugun dollar kursi
 qanday?

루스탐 : 100,000 숨요. 오늘 달러 환율은 어떻게 됩니까?

Bank xodimi : 1020 so'm. Pasportingiz bormi?

은행원 : (1불에) 1020 숨이요. 여권 있습니까?

Rustam : Yo'q edi.

루스탐 : 없는데요.

Bank xodimi : Unda mana bu blankani to'ldiring.

은행원 : 그럼 여기 이 용지를 기입하세요.

Rustam : Mana, marhamat.

루스탐 : 여기요.

문법설명

1. 의도형 과거시제 -moqchi edi (-려고 했는데; -고 싶었는데)

의도형 과거시제는 **동사 어간** + 의도형 미래시제어미 -moqchi + 과거형 접미동사 edi
를 붙여서 만든다. 인칭어미는 제 3형을 사용한다.

1) -moqchi edi는 과거에 하고 싶었던 것

Hisob ochtir**moqchi edim.**	계좌를 개설하고 싶었는데요.
Siz bilan uchrash**moqchi edim.**	나는 당신을 만나고 싶었는데요.

2) -moqchi edi는 과거에 하고 싶었던 것을 이루지 못하고 시간이 지난 뒤 현재의 시점에서 화자의 의지를 회상할 때 사용한다.

Pul ol**moqchi edim**, hisob daftarchamni uyda qoldirib kelibman.

돈을 찾으려고 했는데, 통장을 집에 놔두고 왔네요.

Ukamning tug'ilgan kuniga sovg'a ol**moqchi edim**, pulim tugab qoldi.

동생 생일에 선물을 사려고 했는데, 돈을 다 써버렸어요.

2. bor edi ; yo'q edi 의 용법

bor edi 와 yo'q edi는 일반적으로 과거형 표현으로 쓰인다. 그런데 이 시제 외에 의미상 현재 시제로 사용된 경우도 있다. 이것은 다음과 같이 해석된다.

1) 과거형 표현으로 사용할 때 '-었-'의 의미를 가진다.

Menda mashina **bor edi.**	나에게 자동차가 있었다.
Kecha Karim uyda **yo'q edi.**	어제 카림은 집에 없었다.

2) 현재 시제로 사용할 때 '-는데'의 의미를 가진다.

A: Sizga aytadigan gapim **bor edi**, biroz vaqt ajrata olasizmi?

당신에게 할 이야기가 있는데, 시간 좀 내 줄 수 있어요?

B: Vaqtim **yo'q edi.**

시간이 없는데요.

대화

A : Kechirasiz, hisob ochtirmoqchi edim.

B : Qanaqa hisob ochtirmoqch edingiz?

A : Valuta hisobi.

B : Foizlimi, foizsizmi?

A : Foizli.

B : Ismingiz, familiyangiz nima?

A : Lola Alimova.

B : Qancha dollarlik hisob ochtirasiz?

A : 500 dollarlik.

B : Mana bu yerga imzo qo'ying.

단어

ayb	죄; 잘못	foizli	이자의
hisob ochtirmoq	(계좌)개설하다	omad	행운, 복
almashtirmoq	환전하다, 바꾸다	foizsiz	무이자의
kurs	환율	pul	돈
blanka	용지	harakat	노력
kuchuk	강아지	qiziqish	관심, 흥미
dollar	달러	hisob	예금
lug'at	사전	valuta	외화
foiz	이자	hisob daftarchasi	통장
naqd pul	현금	chek	수표

1. _____ _____moqchi edi (–m, –ng, –ngiz, –k, –lar)
   보기 : men uyda / dam olmoq → Men uyda dam olmoqchi edim.

   1) u ingliz tilini / o'rganmoq
   2) Ahmad bu kitobni / o'qimoq
   3) biz toqqa / chiqmoq
   4) siz kechqurun / kelmoq
   5) men hisob / ochtirmoq

2. _____da _____bor edi.
   보기 : u / pul → Unda pul bor edi.

   1) men / mashina
   2) biz / naqd pul
   3) siz / komputer
   4) ular / chek
   5) sen / lug'at

3. _____da _____yo'q edi.
   보기: men / qalam → Menda qalam yo'q edi.

   1) sen / daftar
   2) Zuhra / qiziqish
   3) biz / harakat
   4) men / omad
   5) siz / ayb

22 – DARS
UNIVERSITETGA KETGAN EDILAR

Ozoda opa : Labbay! (allo)

어저다님 : 여보세요!

Sobir : Assalomu alaykum, men Sobirman.

서브르 : 안녕하세요, 저는 서브르입니다.

Ozoda opa : Sobir, yaxshimisiz?

어저다님 : 서브르씨, 안녕하세요?

Sobir : Yaxshi, rahmat. Kechirasiz, Anvar aka bormilar?

서브르 : 예, 고맙습니다. 죄송하지만 안바르 선생님 계십니까?

Ozoda opa : Yo'q, universitetga ketgan edilar.

어저다님 : 아니오, 대학교에 가셨는데요.

Sobir : Unda ertaga yana telefon qilaman.

서브르 : 그러면, 내일 다시 전화하겠습니다.

Ozoda opa : Ertalab soat 10dan oldin telefon qiling.

어저다님 : 오전 10시 이전에 전화하십시오.

Sobir : Yaxshi, albatta telefon qilaman.

서브르 : 예, 꼭 전화하겠습니다.

문법설명

1. 과거완료 –gan/-kan/-qan edi (–었었–; –는데)

과거완료는 동사어간 + 과거형 어미 –gan/-kan/-qan + 과거형 접미동사 edi + 인칭 어미를 붙여서 나타낸다.

과거완료 –gan/-kan/-qan edi는 다음과 같은 예외적인 특징을 가진다.

1인칭 단수	**bor-gan edi-m** 나는 갔었다	1인칭 복수	**bor-gan edi-k** 우리는 갔었다
2인칭 단수	**bor-gan edi-ng** 너는 갔었다	2인칭 복수	**bor-gan edi-ngiz** 너희는 갔었다
3인칭 단수	**bor-gan edi** 그는 갔었다	3인칭 복수	**bor-gan edi-lar** 그는 갔었다

1) 과거 시제를 표시한다. 이 형태는 과거의 사건 내용이 현재와 비교하여 다르거나 단절되어 있다고 생각될 때 흔히 쓰인다. 의미는 '-었었-'가 된다.

1966 yilda Toshkentda kuchli zilzila bo'gan edi.

1966년 타쉬켄트에서는 대지진이 있었었다.

1994 yilda men Andijonga borgan edim.

1994년에 나는 안디전에 갔었다.

① 동사어간 k로 끝났을 경우 -kan edi가 붙는다.

U bir necha marta sigaret chekkan edi.

그는 담배를 몇 번 피웠었다.

② 동사어간 g' 혹은 q로 끝났을 경우 -qan edi가 붙는다.

O'tgan yili yomg'ir ko'p (yog'+gan)〉 yoqqan edi.

작년에는 비가 많이 내렸었다.

U yoshligida ko'zoynak taqqan edi.

그는 어릴 때 안경을 썼었다.

2) 뒷 절에서 어떤 일을 설명하거나, 묻거나, 시키거나, 제안하기 위하여 그 대상과 상관되는 상황을 미리 말할 때에 사용한다. 한국어로 번역을 하면 '-는데'가 된다.

Televizor ko'rib o'tirgan edim, telefon jiringlab qoldi.

내가 텔레비전을 보고 있었는데, 전화벨이 울렸다.

Men kecha senikiga borgan edim, yo'q ekansan.

내가 어제 너의 집에 갔었는데 너는 없었다.

2. 높임말 borlar (계시다); yo'qlar (안 계시다)

높임말 **borlar** (계시다); **yo'qlar** (안 계시다)는 **bor** (있다)와 **yo'q** (없다)에 존칭형 접미사 **-lar**을 붙여서 만든다.

A: Otangiz **bormilar**?   아버님 계십니까?
B: Ha, **borlar**.   예, 계십니다.

A: Ular **bormilar**?   그 분이 계십니까?
B: **Yo'qlar**.   아니오, 안 계십니다.

A: Anvar aka uy**damilar**?   안바르 선생님 집에 계십니까?
B: Ha, uy**dalar**.   예, 집에 계십니다.

A: Domla qayer**dalar**?   교수님 어디에 계십니까?
B: Auditoriya**dalar**.   강의실에 계십니다.

주의 우즈벡어에서는 체언 + 장소격 조사 -da + 존칭형 접미사 -lar을 붙여서 존칭의미로 한국어의 '계시다'의 의미로 쓰이는 경우도 있다.

대화

Aziza : Kechirasiz, Goʻzal bormi?

Goʻzalning ukasi : Ha, hozir chaqiraman. Bir daqiqa.

Goʻzal : Allo!

Aziza : Salom Goʻzal, men Azizaman.

Goʻzal : Salom Aziza.

Aziza : Goʻzal ertaga vaqting bormi?

Goʻzal : Ha, bor. Nima edi?

Aziza : Seni kinoga taklif qilmoqchi edim.

Goʻzal : Albatta boraman.

Aziza : Unda ertaga koʻrishamiz.

Goʻzal : Boʻpti.

단어

albatta	꼭, 틀림없이	yana	다시, 또
labbay	네	dada	아빠
auditoriya	강의실	yoshligida	어릴 때
oldin	이전에	hamma	모두
bir daqiqa	잠깐만	zilzila	지진
telefon qilmoq	전화하다	hozir	지금
birga	같이	oʻshanda	그 때
xafa boʻlmoq	슬퍼하다	kelinoyi	형수; 사모
borlar	계시다	chaqirmoq	부르다

1. _____ _____ gan edi (–m, –ng, –ngiz, –k, –lar)

   보기 : u yoshligida / koʻp kasal boʻlgan
   → U yoshligida koʻp kasal boʻlgan edi.

   1) men bu kitobni / oʻqimoq
   2) siz oʻshanda / xafa boʻlmoq
   3) sen / ketmoq
   4) biz birga / oʻqimoq
   5) u / hammasini bilmoq

2. _____ bormi?

   보기 : Karim → Karim bormi?

   1) Lola
   2) ukang
   3) Aziza
   4) pul
   5) vaqt

3. A: _____ bormilar?
   B: Ha, borlar.
      Yoʻq, _____ga ketgan edilar.
   보기 : Sanjar aka / firma → A : Sanjar aka bormilar?
                              B : Ha, borlar.
                                  Yoʻq, firmaga ketgan edilar.

   1) Botir aka / ofis
   2) Kelinoyim / magazin
   3) Raʼno opa / universitet
   4) buvim / bozor
   5) dadam / ish

23 - DARS
O'ZBEKISTONGA KELAR EKAN

Rustam : Kimdan xat oldingiz?

루스탐 : 누구한테서 편지를 받았습니까?

Nodira : Koreyalik o'rtog'imdan oldim.

너드라 : 한국인 친구에게서 편지를 받았습니다.

Rustam : Nimalar haqida yozibdi?

루스탐 : 무엇에 대하여 썼는데요?

Nodira : Yaqinda O'zbekistonga kelar ekan.

너드라 : 곧 우즈베키스탄에 오겠답니다.

Rustam : Shunaqami? Juda zo'r-ku!

루스탐 : 그래요? 정말 좋겠군요!

문법설명

1. –(a)r ekan (–답니다)

–(a)r ekan은 화자가 이미 알고 있는 것을 객관화하여 청자에게 알려줌을 나타낸다.
자음으로 끝나는 동사 어간 뒤에 –ar ekan, 모음으로 끝나는 동사 어간 뒤에 –r ekan
이 온다. 제 3형 인칭어미가 사용된다.

Siz ertaga jo'nab ketar ekansiz.	당신은 내일 떠난다지요.
U hozir uxlar ekan.	그는 지금 잔답니다.
Men yozda Amerikaga borar ekanman.	나는 여름에 미국으로 간답니다.
Lola universitetda o'qir ekan.	럴라는 대학교에서 공부한답니다.

2. 부정형 어미 -mas ekan (-지 않는답니다)

Lola universitetda o'qimas ekan.

럴라는 대학교에서 공부하지 않는답니다.

Bugun yomg'ir yog'mas ekan.

오늘 비가 오지 않는답니다.

Endi mashina haydamas ekanman.

저는 이제 운전을 하지 않는답니다.

3. haqida (~에 관하여; 대하여)

Biz ish haqida maslahatlashib oldik.

우리는 업무에 관하여 협의했다.

Nima haqida o'ylayapsan?

무엇에 대하여 생각하니?

Kitob o'zbeklarning hayoti haqida ekan.

책은 우즈벡 사람들의 삶에 관한 것이다.

대화

A: Bu kitobni o'qib bo'ldingizmi?

B: Ha, o'qib bo'ldim.

A: Nima haqida ekan?

B: Muhabbat haqida ekan.

A: Ilmiy rahbaringiz bilan uchrashdingizmi?

B: Ha, uchrashdim.

A: Nima dedilar?

B: Hisobot yozib kelar ekanman.

단어

demoq	말하다	xat kelmoq	편지가 오다
maqola	기사, 소논문	ilmiy rahbar	지도교수
ertak	동화, 이야기	xiyonat	배반
muhabbat	사랑	iqtisod	경제
haqida	～에 대하여	zo'r	좋다
qo'shiqchi	가수	jo'nab ketmoq	떠나다
haydamoq	운전하다	o'tinchi	나무꾼
sevgi	사랑	kasalxonaga yotmoq	입원하다
hayot	삶	she'r	시
teatr	극장	kino	영화
hisobot	보고서		

1. _____ _____ –(a)r ekan (–man, –san, –miz, –siz,– lar)

보기 : siz bugun / uyda oʻtirmoq

→ Siz bugun uyda oʻtirar ekansiz.

1) ertaga havo / issiq boʻlmoq
2) siz unga / telefon qilmoq
3) men firmada / ishlamoq
4) u pulni / bermoq
5) biz oʻzbekcha / oʻrganmoq

2. _____ _____ mas ekan (–man, –san, –miz, –siz,– lar)

보기 : men universitetga / bormoq

→ Men universitetga bormas ekanman.

1) sen teatrga / bormoq
2) u uyda / ovqatlanmoq
3) men kasalxonaga / yotmoq
4) siz bugun / ketmoq
5) ular / uchrashmoq

3. A: _____ nima haqida ekan?

  B: _____ haqida ekan.

보기 : kitob / sevgi →A: Kitob nima haqida ekan?
                      B: Sevgi haqida ekan.

1) maqola / iqtisod
2) kino / qoʻshiqchi
3) sheʼr / sevgi
4) ertak / oʻtinchi
5) hikoya / xiyonat

24 - DARS
TA'TILDA TURKIYAGA KETAYOTGAN EKANSIZ?

Ra'no : Ta'tilda Turkiyaga ketayotgan ekansiz?

라너 : 당신은 방학(휴가) 때 터키에 가신다면서요?

Dilnoza : Ha, ketyapman.

딜너자 : 예, 가려고요.

Ra'no : Bir o'zingiz ketyapsizmi?

라너 . 혼자 가시려고 힙니까?

Dilnoza : Yo'q, o'rtoqlarim bilan birga ketyapmiz.

딜너자 : 아니오, 친구들과 같이 가려고요.

Ra'no : Qanchaga?

라너 : 얼마 동안이나요?

Dilnoza : Ikki oyga. Ham til o'rganamiz, ham sayohat qilamiz.

딜너자 : 두 달이요. 언어 연수도 하고, 여행도 하려고요.

Ra'no : Yaxshi borib kelinglar.

라너 : 잘 다녀오세요.

Dilnoza : Rahmat.

딜너자 : 고맙습니다.

문법설명

1. –(a)yotgan ekan (–다면서)

1) 들어서 아는 사실을 확인하여 다시 물을 때 쓰인다.

2) 화자가 이미 알고 있는 것을 객관화하여 청자에게 일러 줌을 나타낸다. 자음으로 끝나는 동사 어간 뒤에 + a + yotgan ekan + 인칭어미, 모음으로 끝나는 동사 어간 뒤에 + yotgan ekan + 인칭어미가 온다. 제 3 형 인칭어미가 사용된다.

Oʻzbekcha oʻrganayotgan ekansiz?

당신은 우즈벡어를 배우고 있다면서요?

Karim firmada ishlayotgan ekanmi?

카림은 회사에서 일하고 있다면서요?

Abror uyda dars qilayotgan ekan?

압러르는 집에서 공부하고 있다면서요?

Nodira bogʻchaga borayotgan ekan?

너드라가 유치원에 다니고 있다면서요?

2. 부정형 –mayotgan ekan (–지 않는다면서요)

Rustam yaxshi oʻqimayotgan ekan?

루스탐은 공부를 잘 안하고 있다면서요?

Siz darsga kirmayotgan ekansiz?

당신은 수업에 안들어 가고 있다면서요?

Lola ishga chiqmayotgan ekanmi?

럴라는 일하러 나가고 있지 않다면서요?

Sen uyga bormayotgan ekansanmi?

너는 집에 가고 있지 않다면서?

Darsmiz boʻlmayotgan ekanmi?

수업을 하고 있지 않다면서요?

읽기연습

TA'TILDA TURKIYADA DAM OLDIM

Yozgi ta'tilda Turkiyaga bordim. Anqara aeroportida dugonam Oynur kutib oldi. Keyin mashinaga o'tirib uyga ketdik. O'sha kuni hech qayerga bormasdan uyda gaplashib o'tirdik. Chunki men juda charchagan edim. Oynur sayohat rejasini tuzgan ekan.

Rejaga ko'ra Turkiyaning g'arbiy viloyatlarini aylanadigan bo'ldik. Ertasi kuni Kapadokyaga jo'nab ketdik. Kapadokyalik o'rtog'imiz bizni ikki kun aylantirdi. Keyin Izmirga bordik. Efesda bo'ldik. U yerdagi qadimiy teatrni va san'at muzeylarini tamosha qildik. Ikki kundan so'ng Antalyaga ketdik.

Dengizda maza qilib cho'mildik. Alanyada ham bo'lib "Tomchi tosh" g'orini ko'rdik. Anqaraga qaytishda Konya shahriga kirdik. Jaloliddin Rumiy maqbarasini ziyorat qildik.

Ta'til juda maroqli o'tdi. Turkiyadan juda boy taassurotlar bilan qaytdim.

단어

aylanmoq	산책(구경)하다	tanlov	선택, 결정
qoya	절벽	kirmoq	들어가다
dam olmoq	쉬다	turmushga chiqmoq	시집가다
reja tuzmoq	계획세우다	kutib olmoq	마중하다
dars qoldirmoq	수업을 빠지다	o'sha kuni	그날
san'at muzeyi	예술박물관	maroqli	재미있다
eshitmoq	듣다	g'arbiy viloyat	서쪽 지역
sayohat	여행	maza qilmoq	즐겁게 보내다
faqat	단지, 그러나	g'or	동굴
sport bilan shug'ullanmoq	운동하다	musobaqa	경기, 시합
harbiy xizmat	국방의무	shunday	그렇게
taassurot	인상, 감명	qadimiy	옛날, 고대의
ichkilik	술	charchamoq	피곤하다

1. ＿＿＿ ＿＿＿ –(a)yotgan ekanmi?

   보기 : Barno tatilda / Amerikaga ketmoq
   → Barno tatilda Amerikaga ketayotgan ekanmi?

   1) Karim / universitetda oʻqimoq
   2) Lola / turmushga chiqmoq
   3) Nodir / harbiy xizmatga ketmoq
   4) Umida / musobaqaga qatnashmoq
   5) Chol Su / oʻzbekcha oʻrganmoq

2. ＿＿＿ ＿＿＿ –(a)yotgan ekan (–man, –san, –miz, –siz, –lar).

   보기 : men / dars qoldirmoq → Men dars qoldirayotgan ekanman.

   1) siz / sport bilan shugʻullanmoq
   2) sen / yaxshi oʻqimoq
   3) u / kasalxonaga yotmoq
   4) u kishi / sizni kutmoq
   5) biz ham / tanlovga qatnashmoq

3. ＿＿＿ ＿＿＿ –mayotgan ekan (–man, –san, –miz, –siz, –lar).

   보기 : sen / darsga kirmoq → Sen darsga kirmayotgan ekansan.

   1) men / yaxshi ishlamoq
   2) sen / futbol oʻynamoq
   3) Anvar / sigaret chekmoq
   4) siz / darsga kirmoq
   5) Ravshan / ichkilik ichmoq

25 - DARS
YURING BIRGA OVQATLANAYLIK

Komil : Qornim juda ochqadi, yuring birga ovqatlanaylik.

커밀 : 배가 매우 고픕니다. 같이 가서 식사합시다.

Gulnora : Mayli.

굴너라 : 네, 그럽시다.

Komi : Qayerga boramiz?

커밀 : 어디로 갈까요?

Gulnora : Bahor restoranining taomlari
mazali, o'sha yerga boraylik.

굴너라 : 바허르 레스토랑의 음식이 맛있습니다.
거기로 갑시다.

문법설명

1. 청유형어미 –(a)ylik (–ㅂ시다; –자)

–(a)ylik는 동사 어간 뒤에 붙어 어떤 행동을 함께 하자는 뜻을 나타내는 종결 어미이다. 의문사 qachon '언제', qayerga '어디로', nima '무엇'과 같이 쓸 때와 어떤 행동을 '함께' 할지 물을 때도 쓰인다.

Bugun bandman, ertaga uchrashaylik.

오늘 바쁩니다. 내일 만납시다.

Manzara chiroyli ekan, rasmga tushaylik.

경치가 좋습니다. 사진을 찍읍시다.

215

A: Imtihon tugagandan keyin nima qilaylik?

시험이 끝난 후에 뭘 할까요?

B: Qittak qittak qilaylik.

술이나 한잔 합시다.

A: Lolalarnikiga qachon boraylik?

룰라의 집에 언제 갈까요?

B: Ertaga boraylik.

내일 갑시다.

2. 청유법의 의문형 어미 –(a)ylikmi? (/으/ㄹ까요? /으/ㄹ까?)

동사 어간에 **청유형어미** –(a)ylik + **의문형 어미** –mi 가 붙어서 어떤 행동을 함께 할까 물을 때 나타내는 종결 어미이다.

Kechqurun birga ovqatlanaylikmi?

저녁에 같이 식사할까요?

Ertaga uchrashaylikmi?

내일 만날까요?

3. 청유법의 1인칭 단수 의문형 어미 –(a)ymi? (/으/ㄹ까요? /으/ㄹ까?)

–(a)ymi?는 화자가 청자에게 어떤 행동을 할까 물을 때 사용된다.

Keyinroq telefon qilaymi?

내가 조금 후에 전화할까요?

Derazani ozgina ochib qo'yaymi?

창문을 조금 열어 놓을까요?

4. 부정형 어미 –maylik (–지 맙시다; –지 말자)

Havo sovuq ekan, teatrga bormaylik.

날씨가 춥습니다. 극장에 가지 맙시다.

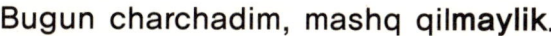

Bugun charchadim, mashq qilmaylik.

오늘은 피곤합니다. 운동하지 맙시다.

Taksiga chiqmaylik.

택시를 타지 맙시다.

대화

Xo'randalar : Kechirasiz, bu joy bo'shmi?

Ofitsant : Ha, bo'sh. O'tiringlar, marhamat. Nima yeysizlar?

Xo'randalar : Ikkita sho'rva bilan ikkita osh.

Ofitsant : Nima ichasizlar?

Xo'randalar : Ko'k choy.

Ofitsant : Yoqimli ishtaha!

단어

bo'sh joy	빈 자리	menyu	메뉴
qora choy	홍차	vatan	국가, 조국
ishdan keyin	퇴근 후에	milliy taom	전통음식
qorin ochqamoq	배고프다	yoqimli ishtaha	맛있게 드세요
ko'k choy	녹차	ovqatlanmoq	식사하다
rasmga tushmoq	사진찍다	zakaz qilmoq	주문하다
mazali	맛있다	osh bo'lsin	많이 드세요
tanlamoq	선택하다	o'chirmoq	끄다

1. _____ _____ (a)ylik.

    보기 : vatanimizni / sevmoq → Vatanimizni sevaylik.

    1) bu hafta / uchrashmoq
    2) bozordan meva / olmoq
    3) yakshanba kuni teatrga / bormoq
    4) yaxshi / o'qimoq
    5) ashula / aytmoq

2. _____ _____ (a)ylikmi?

    보기 : restoranga / bormoq → Restoranga boraylikmi?

    1) uyga / ketmoq
    2) ishdan keyin / kino kormoq
    3) ertaga kechqurun / uchrashmoq
    4) taksiga / chiqmoq
    5) rasmga / tushmoq

3. A: _____ _____ (a)ylikmi?
    B: Yo'q, _____ maylik.

    보기 : televizorni / o'chirmoq

         → A : Televizorni o'chiraylikmi?
             B : Yo'q, o'chirmaylik.

    1) Lolaga telefon / qilmoq
    2) Karimni / kutmoq
    3) pivo / ichmoq
    4) ertaga / bozorga bormoq
    5) avtobusga / chiqmoq

26 - DARS
DOKTOR, KIRISH MUMKINMI?

Bemor : Doktor, kirish mumkinmi?

환자 : 의사선생님, 들어가도 됩니까?

Doktor : Ha, marhamat kiring.

의사 : 예, 들어오십시오.

Bemor : Assalomu alaykum.

환자 : 안녕하세요?

Doktor : Vaalaykum assalom. Oʻtiring.
Nima bezovta qilyapti.

의사 : 안녕하세요? 앉으십시오. 어디가 아프십니까?

Bemor : Qornim ogʻriyapti.

환자 : 배가 아픕니다.

Doktor : Bugun ertalab nima yedingiz?

의사 : 오늘 아침에 무엇을 드셨습니까?

Bemor : Hech narsa yemadim.

환자 : 아무 것도 안 먹었습니다.

Doktor : Kecha nima yegan edingiz?

의사 : 어제는 무엇을 드셨습니까?

Bemor : Qandaydir goʻr mevalar.

환자 : 어떤 설익은 과일이요.

Doktor : Mana sizga dori. Bu dorini kunda uch mahal
koʻzingizga tomizing.

의사 : 여기 약이 있습니다. 이 약을 하루에 세 번 눈에 넣으십시오.

Bemor : Doktor, mening koʻzim emas, qornim ogʻriyapti-ku!

환자 : 의사선생님, 나는 눈이 아니고, 배가 아픈데요!

Doktor : Keyingi safar yeydigan narsangizni yaxshiroq koʻrib yeysiz!

의사 : 다음부터는 음식을 드시기 전에 음식을 잘 보고 드시라고요!

문법설명

1. 명사형 어미 –(i)sh (–하는 것)

동사의 명사형은 동사 어간에 접미사 **–(i)sh**을 붙여서 만들어 여러 가지 표현에 이용한다.

1) 해석은 일반적으로 '–하는 것', '–하기'가 된다.

o'qish '공부하는 것', Turish '서기', Yozish '쓰기'

2) 지하철, 공항, 역 등에서는 kirish는 '입구', chiqish는 '출구'를 의미한다.

3) 위의 형태는 기본적으로 명사의 성격을 가진다. 즉, 동사에서 유래되어 만들어졌지만, 원칙적으로 동사의 성격은 없다. 따라서 일반명사가 가지는 특징을 가진다. 예를 들어, kirish imtihoni는 '입학시험', chekish joyi는 '흡연구역'이 된다.

4) mumkin과 함께 사용하여 정중한 허락이나 청원의 의미한다.

Kirish mumkinmi?	들어가도 됩니까?
Ko'rish mumkinmi?	보아도 됩니까?
Chekish mumkinmi?	담배 피워도 됩니까?

2. 접미사 –dir (이다; –ㄴ가)

접미사 **–dir**은 체언이나 용언 뒤에 붙어서 다양한 기능으로 사용한다.
그 예는 다음과 같다.

1) 체언 뒤에 붙어서 '이다'라는 서술격 조사를 만든다.

| Bu kitob**dir**. | 이것은 책이다. |
| U tovlamachi**dir**. | 그는 사기꾼이다. |

2) 체언이나 용언 뒤에 붙어서 자기 스스로에게 묻는 물음이나 추측을 나타낸다.

Ehtimol shu ayol mening onamdir.

아마 저 분이 내 어머니이신가보다.

O'qituvchi kelgandir.

선생님이 오신 것 같다.

3) 의문사에 붙어서 부정형(정해지지 않은, 한정되지 않은 의미)으로 쓰인다.

Tashqarida kimdir kelganga o'xshaydi.

밖에 누군가 왔나 보다.

Tomog'imga nimadir tiqilib qolganday bo'lyapti.

목에 무언가 걸렸나 보다.

Qandaydir kishi sizni so'rab keldi.

어떤 사람이 당신을 찾아 왔어요.

U qachondir qaytib keladi.

그는 언젠가 돌아 올 거야.

Karim qayergadir ketibdi.

카림은 어디론가 갔다.

대화

TEZ YORDAM CHAQIRISH

A: Allo, bu tez yordammi?

B: Ha, tez yordam. Nima bo'ldi?

A: Qizimning isitmasi juda baland.

B: Necha?

A: 38.6 (O'ttiz sakkiz-u olti).

B: Adresingiz?

A: Navoiy ko'chasi, 40-uy, 3-xonadon.

B: Kuting, tez yordam 10 daqiqa ichida boradi.

A: Rahmat.

단어

adres	주소	xavotir olmoq	걱정하다
tez yordam	응급센터	ichida	안에
bemor	환자	xonadon	가족, 가구
tomoq	목	juda	매우, 아주
birga bo'lmoq	함께 있다	yashirmoq	숨기다
tovlamachi	사기꾼	og'rimoq	아프다
demoq	말하다	o'g'irlamoq	훔치다
tuzalmoq	회복하다, 낫다	sumka	가방
hovuz	연못; 수영장	g'o'r meva	설익은 과일
urmoq	때리다	tashqari	밖
isitma	열	cho'milmoq	수영하다

1. _____ _____(i)sh.

   보기 : kitob o'qimoq → kitob o'qish

   1) xat yozmoq
   2) dars qilmoq
   3) sayohat qilmoq
   4) rasm chizmoq
   5) ish qilmoq

2. A: _____ _____ (i)sh mumkinmi?
   B: Ha, mumkin.

   보기 : Jurnallarni ko'rmoq
   　　　 → A : Jurnallarni ko'rish mumkinmi?
   　　　　　 B : Ha, mumkin.

   1) sigaret chekmoq
   2) televizor ko'rmoq
   3) hovuzda cho'milmoq
   4) telefon qilmoq
   5) tashqariga chiqmoq

3. _____ dir_____ .

   보기 : sumkani kim / o'g'irlab ketibdi
   　　　 → Sumkani kimdir o'g'irlabdi.

   1) sizni qayerda / ko'rgandayman
   2) biz qachon / birga bo'lamiz
   3) menga nima / demoqchi edingiz.
   4) pullarni qayerga / yashiribdi
   5) uni kim / uribdi

27 - DARS
QOʻL TEKKIZISH MUMKIN EMAS

So Yong : Toshkentda qanday muzeylar bor?

소영 : 타슈켄트에는 어떤 박물관이 있니?

Barno : San'at muzeyi, Amaliy san'at muzeyi, Tarix muzeyi,

Temuriylar muzeyi, Adabiyot muzeyi va boshqa muzeylar bor.

바르너 : 예술박물관, 민속박물관, 역사박물관, 티무르박물관, 문학박물관 등이 있어.

So Yong : Kel, hozir San'at muzeyiga boramiz.

소 영 : 그럼, 우리 지금 예술박물관에 가자.

Barno : Boʻpti.

바르너 : 그래.

So Yong : Voy! mana bu idishlarning chiroyliligiga qara.

소 영 : 야! 여기 이 예쁜 도자기(그릇)들 좀 봐.

Muzey xodimi : Muzeydagi buyumlarga qoʻl tekkizish mumkin emas.

박물관 관리자 : 박물관에 전시되어 있는 유물들은 손대면 안됩니다.

So Yong : Kechirasiz, bilmabman.

소 영 : 미안합니다, 몰랐어요.

문법설명

1. 가능법의 부정형 mumkin emas (안되다)

가능법의 부정형 mumkin emas는 동사어간에 명사형 어미를 −(i)sh 뒤에 붙여서 어떤
행동을 '불허하다', '금지하다' 의 의미로 쓰인다.

Kirish **numkin emas.**　　　　　　들어가면 안 됩니다.

Bunday qilish **mumkin emas.**　　　그렇게 하면 안 됩니다.

2. man qilinmoq; taqiqlanmoq (금하다)

man qilinmoq; taqiqlanmoq은 어떤 일을 하지 못하게 말리다.

Telefonda gaplashish man qilinadi.

전화통화 금지

Chekish taqiqlanadi.

금연

Mashina qo'yish taqiqlanadi.

주차금지

Ovqatlanish man qilinadi.

음식반입 금지 (식사금지)

To'xtash taqiqlanadi.

주정차금지

읽기연습

ADABIYOT MUZEYI

Alisher Navoiy nomidagi adabiyot muzeyi Navoiy koʻchasida joylashgan. Muzey oldida buyuk (shoir) Alisher Navoiyning haykali bor.

Muzeyda koʻplab oʻzbek shoirlarining hayoti va ijodi bilan tanishish mumkin. Adabiyot muzeyi har bir kishida unutilmas taassurot qoldiradi.

단어

adabiyot	문학	haykal	동상
nusxa koʻchirmoq	복사하다	toʻxtamoq	서다
amaliy sanʼat	수공예	idish	그릇, 도자기
tekkizmoq	손대다	ushlab koʻrmoq	손을 대다, 잡다
axlat	쓰레기	ijod	창조물, 창작물
spirtli ichimliklar	술	yoʻl	거리, 길
buyuk	위대하다	ichkariga	안으로
taassurot qoldirmoq	감명을 주다	oʻtmoq	건너다
buyum	유물	koʻchirmoq	커닝하다
tashlamoq	버리다	shoir	시인
gulxan yoqmoq	모닥불을 피우다	muzey	박물관
tegmoq	만지다	shovqin solmoq	시끄럽게 하다

연습문제

1. _____(i)sh mumkin emas.

　　보기 : bu yerda / chekmoq → Bu yerda chekish mumkin emas.

　　1) kasalxonada / gaplashmoq
　　2) spirtli ichimliklar / ichmoq
　　3) ichkariga / kirmoq
　　4) bu yerda / shovqin solmoq
　　5) imtihonda / koʻchirmoq

2. A: _____ _____ (i)sh mumkinmi?
　　B: Yoʻq, mumkin emas.
　　보기 : ichkariga kirmoq   → A : Ichkariga kirish mumkinmi?
　　　　　　　　　　　　　　　　　B : Yoʻq mumkin emas.

　　1) telefon nomerini / olmoq
　　2) kitobdan / nusxa koʻchirmoq
　　3) sigaret / chekmoq
　　4) kuchukni / ushlab koʻrmoq
　　5) gulxan / yoqmoq

3. _____(i)sh man qilinadi.
　　보기 : telefonda / gaplashmoq
　　　　　　→ Telefonda gaplashish man qilinadi.

　　1) buyumlarga / qoʻl tekkizmoq
　　2) gulxan / yoqmoq
　　3) axlat / tashlamoq
　　4) hovuzda / choʻmilmoq
　　5) yoʻldan / oʻtmoq

28 - DARS
TELEGRAMMA YUBORISHIM KERAK

Aziz : Telegramma yuborishim kerak.

아지즈 : 나 전보를 보내야 해.

Shahlo : Mehmonxonaning yonida pochta bor.

샤흘러 : 호텔 옆에 우체국이 있어.

Aziz : O'sha yerga boraylik.

아지즈 : 거기 가자.

Shahlo : Bo'pti ketdik.

샤흘러 : 그래, 가자.

Aziz : Telegrammani qayerda qabul qilishadi?

아지즈 : 전보는 어디서 쳐요?

Pochta xodimi : Shu yerda qabul qilamiz. Qanday telegramma
            yubormoqchisiz? Oddiymi, shoshilinchmi yoki xalqaromi?

우체국원 : 여기서요. 어떤 전보를 보내시려고 하는데요? 보통전보요, 속달전보요 아니면
국제전보요?

Aziz : Xalqaro, Koreyaga yubormoqchiman.

아지즈 : 국제전보요, 한국에 보내려고요.

Pochta xodimi : Yaxshi.

우체국원 : 예.

Aziz : Necha pul to'lashim kerak?

아지즈 : 얼마입니까?

Pochta xodimi : 950 so'm.

우체국원 : 950 솜이요.

문법설명

1. -(i)sh kerak (-어야 한다)

동사어간에 명사형 어미 **-(i)sh** + 소유어미 + **kerak**을 붙여서 앞말이 뜻하는 행동을 하거나, 앞 말이 뜻하는 상태가 되는 것이 필요함을 의미한다.

Oshxona har doim toza bo'lishi kerak.

주방은 늘 청결해야 한다.

Har kuni albatta bittadan tuxum yeyish kerak.

하루에 꼭 달걀 한 개씩 먹어야 한다.

Men ingliz tilini o'rganishim kerak.

나는 영어를 배워야 한다.

Sen dori ichishing kerak.

너는 약을 먹어야 한다.

Siz ketishingiz kerak.

당신은 가야 한다.

2. 또한 kerak은 명사와 여격조사 -ga (-에/에게) 뒤 붙여서 '필요하다' 는 뜻을 갖는다.

Unga pul kerak.	그에게 돈이 필요하다.
Bu daftar menga kerak.	이 공책은 나에게 필요하다.
Shu qiz unga kerak.	저 여자는 그에게 필요하다.

3. kerak의 부정형

Siz ko'p ichmasligingiz kerak.	당신은 술을 많이 마시지 않아야 한다.
Endi borish kerak emas.	이제 갈 필요가 없다.
Menga pul kerak emas.	나에게 돈이 필요 없어요.

1인칭 단수	bormasligim kerak 나는 가지 않아야 한다	1인칭 복수	bormasligimiz kerak 우리는 가지 않아야 한다
2인칭 단수	bormasliging kerak 너는 가지 않아야 한다	2인칭 복수	bormasligingiz kerak 당신은 가지 않아야 한다
3인칭 단수	bormasligi kerak 그는 가지 않아야 한다	3인칭 복수	bormasligi kerak 그들은 가지 않아야 한다

대화

A: Mening nomimga posilka kelgan ekan.

B: Qachon va qaerdan kelibdi?

A: Kecha, Farg'onadan.

B: Familiyangiz, ismingiz?

A: Odilov Shuhrat.

B: Mana bu blankani to'ldirishingiz kerak.

A: Marhamat.

B: Mana posilkangiz.

A: Rahmat.

읽기연습

TOSHKENT MARKAZIY POCHTASI

Markaziy pochta Toshkentning markazida, Navoiy koʻchasida joylashgan. Bu yerda telegramma, xat, posilka va pul yuborish, konvert, otkritka, marka, gazeta va jurnallar sotib olish, ularga obuna boʻlish hamda xalqaro telefon orqali gaplashish mumkin.

단어

baliq	물고기	konvert	봉투
oddiy	보통	tovuq	닭
bu yerda	이곳에서	markaziy	중앙의
otkritka	카드, 엽서	xalqaro	국제적인
don	먹이, 씨	marka	우표
posilka	소포	xat	편지
gazeta	신문	murojaat qilmoq	문의하다
pochta	우체국	yubormoq	보내다
jurnal	잡지	obuna boʻlmoq	구독하다
suv	물	shirin soʻz	좋은 말
kamroq	조금만	odam	사람
telegramma	전보	shoshilinch	긴급, 속달

1. _____ _____(i)sh (–im, –ing, –i, –imiz, –ingiz, –lari) kerak.

보기 : men bu kitobni / oʻqimoq

→ Men bu kitobni oʻqishim kerak.

1) sen oʻzbek tilini / bilmoq

2) biz kutubxonaga / bormoq

3) u sport bilan / shugʻullanmoq

4) siz imtihonlarga / tayyorlanmoq

5) men kamroq / ovqatlanmoq

2. _____-ga, –qa, _____ kerak.

보기 : sen / yaxshi oʻrtoq → Senga yaxshi oʻrtoq kerak.

1) siz / mashina

2) bola / ona

3) baliq / suv

4) tovuq / don

5) odam / shirin soʻz

3. _____ _____maslik –im, –ing, –i, –imiz, –ingiz) kerak.

보기 : u uyda / oʻtirmoq → U uyda oʻtirmasligi kerak.

1) sen koʻp / ishlamoq

2) Lola / dars qoldirmoq

3) biz / charchamoq

4) men bugun / uxlamoq

5) u sigaret / chekmoq

29 - DARS
BUNDAN YAXSHIROQ XONANGIZ BORMI?

Nam Ju : Bo'sh xonangiz bormi?

남 주 : 빈 방 있습니까?

Navbatchi : Ha, bor.

카운터 : 예, 있습니다.

Nam Ju : Bir kishilik xona kerak edi.

남 주 : 1인실 방이 필요합니다.

Navbatchi : Faqat ikki kishilik xona bor.

카운터 : 2인실 방만 있습니다.

Nam Ju : Kuniga necha pul to'lashim kerak?

남 주 : 하루에 얼마입니까?

Navbatchi : 10,000 (o'n ming) so'm.

카운터 : 10,000 솜 입니다.

Nam Ju : Bunga nonushta ham kiradimi?

남 주 : 아침 식사도 포함됩니까?

Navbatchi : Ha, nonushta ham, kechki ovqat ham kiradi.

카운터 : 예, 아침 식사와 저녁 식사가 포함된 것입니다.

Nam Ju : Xonani ko'rsam bo'ladimi?

남 주 : 방 좀 봐도 될까요?

Navbatchi : Albatta, bo'ladi.

카운터 : 물론입니다.

Nam Ju : Bundan yaxshiroq xonangiz bormi?

남 주 : 이 방보다 더 좋은 방이 있습니까?

Navbatchi : Bor, lekin sal qimmatroq.

카운터 : 네, 있지만 조금 비쌉니다.

1. 형용사의 비교급 –roq (더)

형용사의 비교급은 형용사에 접미사 **–roq**을 붙여서 현 상태보다 정도가 더 함을 나타낸다. 문장에서 비교대상이 되는 명사에 접미사 **–dan**을 붙여서 사용된다.

또한 후치사 **koʻra, qaraganda, nisbatan**과 함께 사용되고 '–보다'; '비해서'의 의미를 가진다. 일반적으로 후치사 **koʻra**는 탈격 조사 **–dan** 뒤에, 후치사 **qaraganda**와 **nisbatan**은 여격 조사 **–ga** 뒤에 온다.

> **Havo kechagidan sovuqroq.**
>
> 날씨가 어제보다 더 춥습니다.
>
> **Bu qiz oʻrtogʻidan chiroyliroq.**
>
> 이 소녀는 그녀의 친구보다 더 예쁩니다.
>
> **Olmadan koʻra nok shirinroq.**
>
> 사과보다 배가 더 맛있습니다.
>
> **Seulning maydoniga qaraganda aholisi koʻproq.**
>
> 서울은 면적에 비해서 인구가 많습니다.
>
> **Fargʻona Toshkentga nisbatan kichikroq.**
>
> 페르가나는 타쉬켄트에 비해서 작습니다.

2. 형용사의 최상급 eng (가장)과 juda (매우)

형용사의 최상급은 **eng**; **juda** 형용사 원형으로 나타난다. **eng**은 여럿 가운데 어느 것보다 뛰어날 때 '가장'의 의미를 가진다. 그리고 **juda**는 보통 정도보다 '훨씬 더, 매우'의 의미를 가진다.

> **Eng baland togʻ.**   가장 높은 산.
>
> **Dunyoda eng katta baliq akuladir.**   세상에서 가장 큰 물고기는 상어이다.

대화

A : Kechirasiz, siz toshkentlikmisiz?

B : Ha, toshkentlikman.

A : Menga arzonroq mehmonxona kerak edi.

B : Toshkentda arzon mehmonxonalar juda ko'p. "O'zbekiston",

"Toshkent", "Rossiya" mehmonxonalariga borib ko'ring.

A : Bu mehmonxonalar shahar markazidami?

B : Ha, ularning hammasi shahar markazida joylashgan.

A : Bundan kichikroq razmeri ham bormi?

B : Ha, bor.

A : Iltimos, menga eng kichik razmerini bering.

B : Mana, marhamat.

읽기연습

MENING UKAM

Mening ismim Jahongir. O'zbekiston Milliy universitetida o'qiyman. Bu mening ukam Shohruh. U Toshkent Davlat Texnika universitetida o'qiydi. U juda kelishgan. Biz bir-birimizga sira o'xshamaymiz. Mening boyim qisqa. Ukamning bo'yi uzunroq. Men ukamga nisbatan biroz to'laroqman. Mening sochlarim siyrak, ukamniki esa jingalakroq. Ukam ko'zoynak taqadi. Ko'zoynagi ham o'ziga juda yarashadi.

단어

bir kishilik xona	1인실	salqin	시원하다
koʻzoynak	안경	dala	밭, 들
biroz	조금	siyrak soch	머리숱이 적은
mehmonxona	호텔	daryo	강
boylik	부	taqmoq	쓰다, 달다
nonushta	아침식사	dengiz	바다
boʻy	키	uzun	길다
qisqa	짧다	jingalak soch	곱슬머리
boʻsh xona	빈방	oʻxshamoq	닮다, 유사하다

1. _____dan _____ roq.

   보기 : havo kechagi / issiq

   → Havo kechagidan issiqroq.

   1) singlim men / chiroyli
   2) Seul Pusan / katta
   3) ukam men / toʻla
   4) uzum oʻrik / shirin
   5) koʻcha uy / sovuq

2. _____ga nisbatan _____ roq.

   보기 : dengiz / koʻl kichik

   → Dengizga nisbatan koʻl kichikroq.

   1) shahar / dala salqin
   2) Rustam / Nodir kuchli
   3) Karim / Lola aʻlochi
   4) oshxona / uy keng
   5) katta yoʻl / bu yoʻl qisqa

3. _____ eng _____ dir.

   보기 : mevalar ichida / yaxshisi uzum

   → Mevalar ichida eng yaxshisi uzumdir.

   1) Markaziy Osiyoda / katta shahar Toshkent
   2) Oʻzbekistonda / uzun daryo Amudaryo va Sirdaryo
   3) dunyoda / katta boylik bilim
   4) fevral / qisqa oy
   5) bahor fasllarning / chiroylisi

30 - DARS
SOVG'A OLISHGA KETYAPMAN

Akmal : Qayerga ketyapsan?

아크말 : 어디에 가니?

Alisher : Sovg'a olgani ketyapman.

알리셰르 : 선물 사러 가.

Akmal : Oyingga sovg'a olmoqchimisan?

아크말 : 엄마한테 선물을 사 드리려고?

Alisher : Ha, men bilan birga borasanmi?

알리셰르 : 응, 나랑 같이 갈래?

Akmal : Bo'pti, qaysi do'konga boramiz?

아크말 : 좋아, 어떤 가게로 갈 거야?

Alisher : Sovg'alar do'koniga.

알리셰르 : 선물 가게로.

문법설명

1. 목적형 어미 –gani; –ishga (–하러)

동사 어미에 **–gani; –ishga**를 붙여서 일반적으로 **ket, bor** '가'거나 **kel** '오'거나 등 동작의 목적을 나타낸다. 한글에 연결 어미 '–하러'의 의미를 가진다. 또한 '목적'을 나타낼 때 **–ish uchun** '–하기 위해'도 사용할 수 있다.

Do'stimni kutib **olgani** aeroportga ketyapman.

친구를 마중하러 공항에 갑니다.

O'zbekistonga o'qi**shga** ketyapman.

우즈베키스탄에 공부하러 갑니다.

Sizni ko'rishga keldim. 당신을 만나러 왔습니다.

Olmani sotib olgani bozorga ketyapti. 그는 사과를 사러 시장에 갑니다.

Kitobni olib kelish uchun uyga ketdi. 책을 가져오기 위해 집으로 갔다.

O'zbek tilini o'rganish uchun keldim. 우즈벡어를 배우기 위해 왔다.

2. 피동사

피동사는 남의 행동으로 인해 행하여지는 동작을 나타내는 동사로 동사 어간에 접미사 '-(i)n, -(i)l' 등이 결합되어 쓰인다.

ko'rmoq '보다' 〉 ko'rinmoq '보이다'

Uzoqda tog' ko'rinyapti.

멀리 산이 보인다.

boshlamoq '시작하다' 〉 boshlanmoq '시작되다'

Imtihonlar boshlandi.

시험이 시작되었다.

maqtamoq '칭찬하다' 〉 maqtanmoq '자랑하다'

U har doim maqtanadi.

그는 항상 잘난 척 한다.

bermoq '주다' 〉 berilmoq '주어지다'

Masalani yechish uchun 10 daqiqa vaqt berildi.

문제를 풀기 위해 10분이 주어졌다.

ochmoq '열다' 〉 ochilmoq '열리다'

Eshik ochilib, Lola kirib keldi.

문이 열리고 럴라가 들어왔다.

읽기연습

NAVRO'Z BAYRAMI

Navro'z—O'rta Osiyo va Yaqin Sharq xalqlarining qadimiy bayramidir. Bu bayram bahor faslida, 21 martda nishonlanadi.

Hozirgi kunda O'zbekistonda Navro'z bahor bayrami sifatida keng nishonlanadi. Bayramda O'zbekistonga turli mamlakatlardan mehmonlar kelishadi. Bayram tantanalari Toshkentdagi Milliy bog'da o'tkaziladi. Bu kuni har xil tamoshalar, sayillar bo'ladi. O'zbek milliy taomlaridan palov, sumalak, ko'k somsa va halim pishiriladi. Hamma bir—birini bayram bilan tabriklab, yaxshi tilaklar bildiriladi.

단어

artmoq	닦다	tamosha	공연
palov	밥	kutib olmoq	마중하다
bayram	명절, 축제	tantana	의식, 행사
pishirilmoq	요리되다	ko'k somsa	(음식이름)솜싸
bir-birini	서로서로	tilak	소원, 바램
sayil	유희	do'kon	가게
daraxt	나무	vokzal	역
sifatida	형식으로	mamlakat	나라, 국가
deraza	창문	xalq	민족
sovg'a	선물	mehmon	손님
do'kon	가게, 상점	Yaqin Sharq	근동
sumalak	음식이름	Milliy bog'	국립공원
halim	음식이름	O'rta Osiyo	중앙아시아
supurmoq	쓸다	nishonlanmoq	경축하다
hovli	마당	o'tkazilmoq	보내지다
kitob do'koni	서점		

1. _____gani _____ ga ketyap
   (–man, –san, –ti, –miz, –siz, –tilar).
   보기 : men xat yubormoq / pochta
         → Men xat yuborgani pochtaga ketyapman.

   1) u kitob olmoq / kitob do'koni
   2) biz do'stimizni kutib olmoq / aeroport
   3) Nodir o'qimoq / Amerika
   4) talaba dars qilmoq / kutubxona
   5) sen kino ko'rmoq / kinoteatr

2. _____(i)shga keldi (–m, –ng, –k, –ngiz, –lar) .
   보기 : biz restoranga ovqatlanmoq
         → Biz restoranga ovqatlanishga keldik.

   1) men kutubxonaga kitob o'qimoq
   2) biz vokzalga Lolani kuzatmoq
   3) ular boqqa o'ynamoq
   4) siz men bilan gaplashmoq
   5) u kasalxonaga Karimni ko'rmoq

3. _____ (i)ldi.
   보기 : paxta termoq → Paxta terildi.

   1) choy ichmoq
   2) hovli supurmoq
   3) deraza artmoq
   4) daraxt kesmoq
   5) ovqat suzmoq

31 - DARS
KECHIRASAN, KUTTIRIB QO'YDIM

Nodir : Kechirasan, kuttirib qo'ydim.

너디르 : 미안해, 기다리게 해서.

Barno : Nima bo'ldi? Nega kech qolding?

바르너 : 무슨 일이야? 왜 늦었어?

Nodir : E, so'rama. Avariya bo'ldi.

너디르 : 에, 묻지마. 사고가 났었어.

Barno : A? Qayerda? Qachon?

바르너 : 어? 어디에서? 언제?

Nodir : Yo'lda senikiga kelayotganimda. Mashinani tuzattirib kech qoldim.

너디르 : 길에서 너희 집으로 가는 중에. 자동차 수리하느라 늦었어.

Barno : O'zingga hech narsa qilmadimi?

바르너 : 넌 괜찮아?

Nodir : Xavotirlanma, menga hech narsa qilgani yo'q.

너디르 : 걱정마. 난 괜찮아.

문법설명

1. 사동사

사동사는 문장의 주체가 자기 스스로 행하지 않고 남에게 그 행동이나 동작을 하게함을 나타내는 동사로, 대개 대응하는 주동문의 동사에 사동 접미사 '-dir, -tir, -gaz, -giz, -t, -iz, -ir, -ar, -sat' 등의 접사가 결합되어 나타낸다.

yemoq '먹다' 〉 yedirmoq '먹이다'

cho'milmoq '목욕하다' 〉 cho'miltirmoq '목욕시키다'

Ona bolasini cho'miltirdi. Keyin unga ovqat yedirdi.

엄마는 아기를 목욕시켰다. 후에 그에게 밥을 먹였다.

ichmoq '마시다' 〉 ichirmoq '마시게 하다'

U oʻrtogʻiga pivo ichirdi.

그는 친구에게 맥주를 마시게 했다.

oʻtmoq '지나다' 〉 oʻtkazmoq '지나가게 하다'

Otani yoʻldan oʻtkazib qoʻy.

할아버지를 길(을) 건너게 해드려.

Oʻtkazib yuboring, keyingi bekatda tushaman.

비켜주시겠어요, 저는 다음 역에서 내릴 것입니다.

Koʻrsatuvni oʻtkazib yuboribman.

방송을 놓쳤어.

emmoq '젖을 먹다' 〉 emizmoq '젖을 먹이다'

Bolani emizib, uxlatdi.

아기에게 젖을 먹여 재웠다.

oʻqimoq '공부하다' 〉 oʻqitmoq '가르치다'

Men hozir boshlangʻich maktab oʻquvchilarini oʻqityapman.

저는 지금 초등학생들을 가르치고 있습니다.

kirmoq '들어가다' 〉 kirgizmoq '들이다'

Xoʻjayin hech kimni uyga kirgizma deganlar.

주인께서 아무도 집 안으로 들이지 말라고 하셨습니다.

koʻrmoq '보다' 〉 koʻrsatmoq '보여주다'

Ana u koʻylakni koʻrsatib yuboring.

저 옷을 좀 보여 주세요.

2. 상호동사

상호동사는 서로 서로, 함께의 의미를 가진다. 문장의 동사에 상호형 접미사 '-(i)sh'가 결합되어 나타낸다.

ketmoq '가다' 〉 ketishmoq '함께 떠나다'

Ular kecha ketishdi.

그들은 어제 (함께) 떠났다.

boshlamoq '시작하다' 〉 boshlashmoq '함께 시작하다'

Birga ish boshlashdan oldin kelishib olaylik.

함께 일을 시작하기 전에 의논을 합시다.

3. 숙어

1) Nima gap? Nima bo'ldi? Tinchlikmi?는 '무슨 일이야?', '무슨 소리야?'의 의미를 가진다.

A: Nima bo'ldi?	무슨 일이야?
B: Hech narsa.	아무것도 아니야.

2) Hechqisi yoq; zarari yoq; hech narsa qilgani yo'q은 기본적인 의미가 '괜찮다'이다.

A: Kechirasiz, kech qoldim.	미안합니다. 늦었어요.
B: Hechqisi yoq.	괜찮아요.

A: Senga hech narsa qilmadimi?	넌 괜찮아?
B: Menga hech narsa qilgani yo'q.	난 괜찮아.

대화

A: Qayoqqa shoshyapsan?

B: Kasalxonaga.

A: Nima gap? Tinchlikmi?

B: Ukamning oyog'i sinib qolibdi.

A: Qanday qilib sinibdi?

B: Velosipeddan yiqilib tushibdi.

A: Men ham sen bilan boraman.

B: Mayli.

Chol: Nimaga navbatda turishibdi?

Bola: Bolalarga bepul sovg'a berishyapti.

Sotuvchi: Otaxon, bu yerda faqat bolalarga sovg'a beryapmiz.

Chol: Bilaman, men ham onam uchun bolaman.

Sotuvchi: Yaxshi, unda onangiz bilan keling.

단어

avariya bo'lmoq	사고나다	xavotirlanmoq	걱정하다
sinib qolmoq	부서지다	kech qolmoq	늦다
bepul	무료, 공짜	yangi	새롭다
tayyorlamoq	준비하다	mehmon	손님
eshik	문	yiqilib tushmoq	넘어지다
tikmoq	재봉하다	navbatda turmoq	줄서다
hujjat	서류	shoshmoq	서두르다
velosiped	자전거	otaxon	할아버지
kech	늦게	chol	늙은 남자

연습문제

1. _____ _____ tirdi (–m, –ng, –k, –ngiz, –lar).

보기 : men eshikni ochmoq → Men eshikni ochtirdim.

1) men / sochimni kesmoq
2) u / mashinasini sotmoq
3) biz / ukamni choʻmilmoq
4) ular / bankda hisob ochmoq
5) sen / yangi koʻylak tikmoq

2. _____ _____ (i)shdi.

보기 : ular / kechgacha ishlamoq → Ular kechgacha ishlashdi.

1) biznikiga / mehmonlar kelmoq
2) ular / sizdan xafa boʻlmoq
3) talabalar / toqqa chiqmoq
4) Aziza bilan Shahlo / kinoga ketmoq
5) bolalar / sizni soʻramoq

3. A : Kechirasiz, _____ _____ –a/y olmadim.
   B : Hechqisi yoʻq.

보기: kecha ishga / kelmoq
   → A : Kechirasiz, kecha ishga kela olmadim.
      B : Hechqisi yoʻq.

1) kutib olgani / chiqmoq
2) xatni / yubormoq
3) hujjatlarni / tayyorlamoq
4) vaqtida / kelmoq
5) telefon / qilmoq

32 - DARS
HAVO YAXSHI BO'LSA BORAMIZ

O'g'il : Dada, ertaga hayvonot bog'iga
boraylik.

아들 : 아빠, 내일 동물원에 가요.

Ota : Havo yaxshi bo'lsa boramiz.

아버지 : 날씨가 좋으면 가자.

O'g'il : Dada, hayvonlar qanday ovqatlanishadi?

아들 : 아빠, 동물들은 어떤 먹이를 먹나요?

Ota : Ot, tuya, kiyik kabi hayvonlar o't yeyishadi. Sher, qoplon,
bo'ri kabilar esa go'sht yeyishadi.

아버지 : 말, 낙타, 사슴 같은 동물들은 풀을 먹고, 사자, 표범, 이리는 육식을 한단다.

문법설명

1. 조건법 : 조건형 어미 -sa (-면, -다면)

조건법은 동사 어간 뒤에 조건형 어미 -sa를 붙여서 만든다. 인칭어미는 제 3형을 사용한다. 조건형 어미 -sa 뒤에 꼭 ','를 적어야 한다. 조건형 어미 -sa는 여러 가지 의미를 지니기 때문에 문장에 따라 해석이 달라진다.

대표적인 예는 다음과 같다.

1인칭 단수	ket-sa-m 내가 간다면	1인칭 복수	ket-sa-k 우리가 간다면
2인칭 단수	ket-sa-ng 네가 간다면	2인칭 복수	ket-sa-ngiz 너희가 간다면
3인칭 단수	ket-sa 그가 간다면	3인칭 복수	ket-sa-lar 그들이 간다면

1) 일반적으로 어떤 일에 대한 조건으로 분명한 사실이나 상태를 말할 때 쓰인다.

Bahor kelsa, gullar ochiladi.

봄이 오면 꽃이 핀다.

Kimki astoydil ishlasa, muvaffaqiyatga erishadi.

누구나 부지런히 일하면 성공한다.

2) 불확실하거나 아직 이루어지지 않은 사실을 가정하여 말할 때 쓰인다.

Yomg'ir yog'sa, dalaga chiqmaymiz.

비가 오면 밭에 안 나갈 것이다.

Bu ko'ylak katta bo'lsa, akangga ber.

이 옷이 크면 형에게 줘.

U kelsa, biz dam olamiz.

그가 오면, 휴식합시다.

3) 현실과 다른 사실을 가정하여 나타낸다. 현실이 그렇게 되기를 희망하거나 그렇지

   않음을 아쉬워하는 뜻을 나타낸다.

Qor yog'sa, yaxshi bo'lar edi.

눈이 오면 좋을 텐데...

Uchrashuv qoldirilsa, uyda dam olar edim.

약속이 취소되면 집에서 쉴 수 있을 텐데...

2. 조건법의 부정형 –masa... (않는다면)

man qilinmoq; taqiqlanmoq은 어떤 일을 하지 못하게 말리다.

1인칭 단수	ket-ma-sa-m 내가 가지 않는다면	1인칭 복수	ket-ma-sa-k 우리가 가지 않는다면

2인칭 단수	ket-ma-sang 네가 가지 않는다면	2인칭 복수	ket-ma-sa-ngiz 당신이 가지 않는다면
3인칭 단수	ket-ma-sa 그가 가지 않는다면	3인칭 복수	ket-ma-sa-lar 그들이 가지 않는다면

U kechqurun uyga kel**masa**, xavotir olmang.

그가 저녁에 집에 오지 않는다해도 걱정 마세요.

Dori ichib ham yaxshi bo'l**masangiz**, kasalxonaga borib ko'ring.

약을 먹었는데도 좋아지지 않는다면 병원에 가 보세요.

3. 가정법

가정형 어미 **–gan...da** (–았/–었/였더라면)가정형은 동사어간 + **gan** + 인칭어미 + 처격 조사 **–da**로 구성된다. 현실과 다른 사실을 가정하여 나타내며, 현실이 그렇게 되기를 희망하거나 그렇지 않음을 애석해하는 뜻을 나타낸다.

Ozgina hushyor bo'l**ganda**, falokat yuz bermas edi.

조금만 조심했더라면 사고를 내지 않았을 텐데.

Bugun tug'ilgan kuningligini bil**ganimda**, kichkina bo'lsa ham sovg'a tayyorlagan bo'lar edim.

오늘이 너의 생일인 줄 내가 알았더라면 작은 선물이라도 준비했을 텐데.

4. 가정형의 부정형 –magan...da (않았더라면)

U odam menga yordam ber**maganda**, juda qiynalgan bo'lar edim.

그 사람이 나를 도와주지 않았더라면 굉장히 고생했을 거예요.

Ayt**maganingizda**, muddati o'tib ketgan sutni ichib yuborar ekanman.

당신이 나에게 말해주지 않았더라면 날짜가 지난 우유를 마실 뻔했어요.

읽기연습

HAYVONOT BOG'IDA

Yakshanba kuni havo issiq bo'lsa ham dadam, ukam va men hayvonot bog'iga bordik. U yerda turli hayvonlar, xilma xil qushlar, ko'plab baliqlar va boshqa jonivorlarni ko'rdik. Biz ulkan hayvon deganda, faqat filni bilar edik. Begemot ham juda katta hayvon ekan. Tuyaqush qush bo'lsa ham faqat yerda yashar, sira uchmas ekan. U yerda cho'milayotgan oq ayiqni, katakda yugurib, sakrab yurgan maymunni hamda uxlab yotgan sherni ko'rdik.

Dadam ba'zi hayvonlar haqida qiziqarli hikoyalar aytib berdi. Biz hayvonot bog'idan juda xursand bo'lib qaytdik.

단어

dada	아빠	kecha	어제
oq ayiq	백곰	ba'zi	어떤
qush	새	begemot	하마
katak	우리; 새장	ulgurmoq	이르다; 성공하다
ko'plab	대중의	tuyaqush	타조
yugurmoq	달리다	o'shanda	그 때
baliq	물고기	yer	땅
sakramoq	뛰다	hikoya	이야기
jonivor	짐승	sira	전혀, 결코
taklif qilmoq	초대하다	aytib bermoq	말하다
ulkan	거대하다	cho'milmoq	수영하다
ishonmoq	믿다	xursand bo'lmoq	기쁘다

1. _____ sa (–m, –ng, –k, –ngiz, –lar), _____ .

보기 : men iltimos qilmoq / u telefon qiladi

→ Men iltimos qilsam, u telefon qiladi.

1) siz kelmoq / u ham keladi
2) Lola charchagan boʻlmoq / dam olsin
3) biz taklif qilmoq / ular kechaga kelishadi
4) ertaga qor yogʻmoq / universitetga bormayman
5) dadam pul bermoq / Koreyaga boraman

2. _____ masa (–m, –ng, –k, –ngiz, –lar), _____ .

보기 : biz toʻyga bormoq / ular xafa boʻlishadi

→ Biz toʻyga bormasak, ular xafa boʻlishadi.

1) sen uyga telefon qilmoq / oying xavotir oladilar
2) sizga qiyin boʻlmoq / bir kelib keting
3) sportchi kuchli boʻlmoq / musobaqada yengiladi
4) siz menga ishonmoq / oʻzingiz borib koʻring
5) men oʻylamoq / kim oʻylaydi?

3. _____ gan (–im, –ing, –i, –imiz, –ingiz, –lari) da, _____ .

보기 : u ozgina kech qolmoq / poyezdga ulgurmas edi

→ U ozgina kech qolganida, poyezdga ulgurmas edi.

1) vaqtim boʻlmoq / ingliz tilini oʻrganar edim
2) men bunday bolishini bilmoq / u yerga bormas edim
3) siz biroz ertaroq kelmoq / uni koʻrar edingiz
4) Karim ketmay turmoq / bu ishlarni bitirgan boʻlar edik
5) sen oʻshanda uylanmoq / hozir oʻgʻling maktabga borgan boʻlar edi

33 - DARS   MUZQAYMOQ YEGIM KELYAPTI

Qiz : Oyi, muzqaymoq yegim kelyapti.

딸 : 엄마, 아이스크림 먹고 싶어요.

Ona : Muzqaymoq koʻp yesang, tomogʻing

ogʻrib qoladi.

어머니 : 아이스크림 많이 먹으면 목이 아플거야.

Qiz : Bittagina olib bera qoling, jon, oyijon.

딸 : 딱 한개만 사주세요. 엄마.

Ona : Yoʻq, olib bermayman.

어머니 : 안돼, 안 사줄거야.

Qiz : Oʻzingiz dunyoda eng yaxshi oyisiz,

olib bera qoling.

딸 : 엄마는 세상에서 가장 좋은 엄마예요. 사주세요.

Ona : Mayli. Faqat bu oxirgisi, xoʻpmi?

어머니 : 알았어. 그렇지만 이번이 마지막이야.

문법설명

1. 소망의 보조형용사 –gi... kelyapti (–고 싶다)

소망(원망)의 보조형용사는 동사 뒤에서 + gi + 인칭어미 + kelyapti 구성으로 앞 단어가
뜻하는 행동을 하고자 하는 마음이나 욕구를 갖고 있음을 나타낸다.

Uyga tezroq ketgim kelyapti.   나는 빨리 집에 가고 싶다.

Uni koʻrging kelyapti.   너는 그녀를 보고 싶어한다.

Lolaning muzqaymoq yegisi kelyapti.   롤라는 아이스크림을 먹고 싶어한다.

252

> **참고**
>
> 소망의 보조형용사는 과거형 어미 −di 와 결합해서 과거의 원망을 나타낸다.

Sizni juda ko'rgim keldi.	나는 당신이 너무 보고 싶었어요.
Uxlagisi keldi. (Uyqusi keldi)	그는 졸려한다. (잠이 온다.)

2. 소망의 보조형용사의 부정형 kelmayapti, kelmadi

Uxlagim kelmayapti.	나는 자고 싶지 않다.
O'zbekistonga borgimiz kelmadi.	우리는 우즈베키스탄에 가고 싶지 않다.

3. 분류사

분류사는 수량사와 함께 양화 구성을 이룬다. Bir dona olma '사과 한 개' 이 예에서 dona '개'는 분류사, bir '하나'는 수량사이다. 우즈벡어에서 분류사는 명사 앞에 오는 것이 일반적이다.

Beshta kitob	책 다섯 권	Ikkita mushuk	고양이 두 마리
Ikki bosh qo'y	양 두 마리	Bir bosh karam	배추 한 포기
Bir qultum suv	물 한 모금	O'n tup daraxt	나무 열 그루
Bir kosa ovqat	밥 한 그릇	Bir piyola choy	차 한 잔
Bir shisha pivo	맥주 한 병	Bir juft tufli	구두 한 켤레
Bir varaq qog'oz	종이 한 장	Bir burda non	빵 한 조각
Bir shingil uzum	포도 한 송이	Bir siqim un	밀가루 한 움큼
Bir pachka sigaret	담배 한 갑	Ikki dona sigaret	담배 두 개비

읽기연습

Gabrovalik ota-bola mehmonga bordilar. Uy bekasi bolaga:

- Mana senga bir siqim pista. Qani hovuchingni och, – dedi.

- Otamning hovuchiga sola qoling.

- Sen pistani yomon koʻrasanmi?

- Yoʻq yaxshi koʻraman. Lekin otamning hovuchi kattaroq-da!

단어

hovuch	줌	ota-bola	부자(父子)
piyola	찻잔	tomoq	목
lekin	그러나, 하지만	oxirgisi	마지막
qogʻoz	종이	uy bekasi	가정주부
muzqaymoq	아이스크림	pista	피스타치오
solmoq	채우다	chaqmoq	쪼개다

1. _____ _____ gim kelyapti

보기 : ovqat yemoq → Ovqat yegim kelyapti.

1) sut ichmoq
2) Amerikaga bormoq
3) seni ko'rmoq
4) sigaret chekmoq
5) ko'chaga chiqmoq

2. _____ _____ gi (–m, –ng, –si, –miz, –ngiz, –lari) keldi.

보기: uning qishloqqa bormoq
   → Uning qishloqqa borgisi keldi.

1) mening unga yordam bermoq
2) uning uylanmoq
3) bolaning o'ynamoq
4) sizning uyga ketmoq
5) bizning meva yemoq

3. ____bir _____ _____ di (–m, –ng, –k, –ngiz, –lar).

보기 : men / bir shingil uzum / yemoq
   → Men bir shingil uzum yedim.

1) Karim / qultum suv / ichmoq
2) men / burda non / yemoq
3) biz / shisha pivo / ichmoq
4) u menga / varaq qog'oz / bermoq
5) sen / siqim pista / chaqmoq

34 - DARS
TO'YGA KO'PCHILIK KELADIGANGA O'XSHAYDI

Kuyov : Jonginam, to'yga ko'pchilik keladiganga o'xshaydi.

신랑 : 여보, 결혼식에 많은 사람들이 올 모양이에요.

kelin : Kimlarni taklif qildingiz?

신부 : 누구를 초대했어요?

Kuyov : Qarindoshlarimizni, hamkasblarimizni va eng yaqin do'stlarimizni taklif qildim.

신랑 : 친척들, 직장 동료 그리고 친한 친구들을 초대했어요.

Kelin : Men to'yni kichikroq qilamiz deb o'ylagandim.

신부 : 나는 결혼식을 간소하게 치른다고 생각했어요.

Kuyov : Nima uchun?

신랑 : 어째서요?

Kelin : Chunki to'ydan keyin sayohatga ham pul qolishi kerak-da!

신부 : 왜냐하면, 신혼여행을 위해서도 돈을 남겨야 하잖아요!

문법설명

1. -ga o'xshaydi (-ㄴ /-ㄹ 모양이다; 것 같다)의 용법

-ga o'xshaydi는 일반적으로 형동사의 현재-미래시제 어미- digan 뒤에 붙여서 짐작이나 추측을 나타낸다.

Sumkasini qo'yib ketganiga qaraganda, yana qaytib keladigan**ga o'xshaydi.**

가방을 놓고 간 걸 보니 다시 돌아 올 모양이에요.

Lola kech qoladigan**ga oxshaydi**, o'zimiz yeyaveraylik.

럴라는 늦을 모양이니, 우리끼리 먼저 먹자.

Osmonni qora bulut qoplaganiga qaraganda, yomg'ir ko'p yog'adigan**ga o'xshaydi.**

하늘에 먹구름이 낀 걸 보니 비가 많이 올 모양이에요.

2. 보조사의 용법

1) –a, –da, –ku, –yu, –ya (– 잖아, –구나, –군요)

보조사 –a, –da, –ku, –yu, –ya는 일반적으로 '–' 뒤에 사용하고 여러 가지 의미를 가진다. 대표적인 예는 다음과 같다.

① 대부분 의문형 형태를 취한다.

Bu yer yaxshi–a?

여기기 좋잖니?

Nimaga bunaqa kech qolding? O'ynab kelibsan–da?

왜 이렇게 늦었니? 놀다 왔구나?

② 감탄의 의미로 사용된다.

Manzara haqiqatan chiroyli ekan–a!   경치가 참 아름답구나!

Lola pechenyeni yeb qoyibdi–ku!   럴라가 과자를 다 먹어버렸네!

③ '확인'의 뜻을 나타낸다.

Men sizga buni aytgandim–ku?   내가 당신에게 이것을 말했잖아요?

Siz tufayli kech qoldim–ku.   당신 때문에 늦었잖아요.

④ '항상, 늘'의 의미로 쓰인 경우도 있다.

U kecha–yu kunduz dars qiladi.   그녀는 밤낮 공부를 한다.

2) -gina /-kina /-qina, faqat, atigi (~만)

보조사 -gina /-kina /-qina는 원칙적으로 체언과 용언에 붙어서 사용된다. 그런데 부사 faqat 과 atigi는 체언과 용언 앞에 사용된다.

그 예는 다음과 같다.

① 다른 것으로부터 제한하여 어느 것을 한정함을 나타낸다.

Lola faqat she'r o'qiydi.

럴라는 시만 읽는다.

Bir og'izgina gapirmoqchiman.

한 마디만 이야기하고 싶어요.

② 무엇을 강조하는 뜻을 나타낸다.

U bilan uchrashibgina hamma muammolarni hal qilish mumkin.

그를 만나야만 모든 문제가 해결될 수 있다.

③ 화자가 기대하는 마지막 선을 나타낸다.

Uni bir martagina ko'rsam, armonim bo'lmasdi.

그녀를 한 번만이라도 본다면 바랄 것이 없다.

④ 적거나 작음의 뜻을 나타낸다.

Buvamning atigi uchtagina tishlari qolibdi.

할아버지의 치아는 겨우 세 개만 남았다.

258

읽기연습

NIKOH TO'YI

Nikoh to'yi har bir yigit va qiz hayotidagi eng unutilmas voqeadir. Nikoh to'yi oilaviy marosimlar ichida eng kattasi bo'lib, uni tashkil qilish va o'tkazish jarayoni uzoq muddatni o'z ichiga oladi. O'zbek nikoh to'ylari uch bosqichdan iboratdir:

Birinchi bosqich – kelin tanlash, unga sovchi yuborish, "non sindirish", "fotiha qilish" kabi marosimlardan tashkil topadi.

Ikkinchi bosqich – kelinni kuyovning uyiga olib kelish, nikohlash, to'y-tomosha kabilarni o'z ichiga oladi.

Uchinchi bosqich – nikoh to'yidan so'ng o'tadigan "yuz ochdi", "kelin salom", "kuyov chaqirdi" kabilardan iborat.

단어

ahvoli	상태	yaxshi emas	좋지 않다
pul sovurmoq	돈을 많이 들이다	mashaqqat ko'rmoq	고생하다
ancha	많다	yaxshi ko'rib qolmoq	반하다
qarindosh	친척	meros	유산
aroq	술	yetib kelmoq	도착하다
rangi siniq	안색이 좋지 않다	muddat	기간
bosqich	단계	yubormoq	보내다
sovchi	중매인	muhim masala	중요한 일
iborat	구성하다	o'tkazmoq	통과하다
tashkil topmoq	구성하다	nikoh to'yi	결혼식
jarayon	흐름, 진행	o'z ichiga olmoq	포함하다
uzoq	멀다	olib kelmoq	데려오다
ko'rilmoq	회담하다	o'zgarib ketmoq	변하다
voqea	사건	ota-ona	부모
marosim	예식	cho'zilmoq	지연되다

1. _____ ga qaraganda, _____ ga oʻxshaydi.

보기 : rangining siniqligi / ahvoli yaxshi emas
   → Rangining siniqligiga qaraganda, ahvoli yaxshi
      emasga oʻxshaydi.

1) gapi / koʻp mashaqqat koʻrgan
2) odamlarning koʻpligi / yaxshi kino
3) havoning sovuqligi / qor yogʻadigan
4) pulni sovurishi / boyvachcha
5) majlisning choʻzilishi / muhim masala koʻrilayotgan

2. 다음 빈 칸에 알맞은 보조사(-a, -da, -ku, -yu, -ya)를 쓰시오.

보기 : U hali juda yosh-   → U hali juda yosh-ku!

1) Gullar juda chiroyli-
2) Sizni qarang-
3) Uni yaxshi koʻrib qolibsan-
4) Karim juda oʻzgarib ketibdi-
5) Men yosh bola emasman-

3. _____ gina _____ .

보기 : menga oz / aroq quyib bering
   → Menga ozgina aroq quyib bering.

1) kasalning oldiga qarindoshlari / kirishi mumkin
2) siz yuborgan xat kecha / yetib keldi
3) unga ota-onasidan ancha / meros qolgan
4) u hozir / chiqib ketdi
5) mening bitta / oʻgʻlim bor

35 - DARS
"-JON" VA "-XON"NING MA'NOSI NIMA?

Uy bekasi : Bu bizning katta o'g'limiz To'lqinjon, bular egizak qizlarimiz Fotimaxon va Zuhraxonlar.

주부 : 얘는 우리 맏아들 톨큰전이고, 이 쌍둥이는 퍼티마헌와 주흐라헌입니다.

In Te : Hammalarining ismlari juda chiroyli ekan.

Ismlaridagi "-jon" va "-xon"ning ma'nosi nima?

인태 : 이름이 모두 예쁘네요. 이름 뒤의 "전" 과 "헌"은 무슨 의미가 있나요?

Uy bekasi : O'zbeklar erkalatishganda ko'pincha erkaklarning ismiga "jon", ayollarning ismiga "xon" qo'shib chaqirishadi.

주부 : 우즈벡 사람들은 귀여워할 때 남자일 경우에는 "전"을, 여자일 경우에는 "헌"을 붙여서 부릅니다.

In Te : Qiziq odat ekan.

인태 : 재미있는 전통이군요.

문법설명

1. 접사 -jon, -xon의 용법

접사 -jon은 남성인명과 친족어 뒤에 붙어, 접사 -xon은 여성인명 뒤에 붙어 사용된다. 이와 같이 접사 -jon과 -xon은 존칭의 의미로 쓰이는 경우도 있다.

Karim**jon**	Salim**jon**	oyi**jon**
dada**jon**	Lola**xon**	Manzura**xon**

2. 지소사 -cha, -choq의 용법

지소사 -cha, -choq은 명사 뒤에 붙어 원래의 뜻보다 더 작은 개념이나 친애의 뜻을 나타낸다.

qiz**cha**	작은 여자아이, 소녀	bozor**cha**	작은 시장
shahar**cha**	소도시	qo'zi**choq**	어린 양
toy**choq**	망아지		

대화

Yulduz : Oyijon, mening ismimni kim "Yulduz" deb qo'ygan?

Ona : Men qo'yganman. Nega so'rayapsan?

Yulduz : Menimcha, juda yaxshi isim qo'ygansiz.

Ona : Nima uchun?

Yulduz : Chunki bog'chada ham hamma meni "Yulduz" deb chaqiradi. Ular meni "Yulduz" deb chaqirishlarini qayerdan bilgansiz?

Ona : ...?

Afandi : Mashinani tez haydab ketayotgan bo'lsang, yo'ldan buzoqcha, toychoq va qo'zichoq chiqib qolsa, nimani bosarding?

Haydovchi : Qo'zichoqni.

Afandi : Iye, nega?

Haydovchi : Qo'zichoqning narxi arzon-da! O'zing-chi?

Afandi : Tormozni bosardim.

읽기연습

O'ZBEK ISMLARI

Yangi tug'ilgan chaqaloqqa eng avval ism qo'yish kerak bo'ladi. O'zbeklar o'g'il bolalarga ko'pincha Botir, Rustam, Jahongir, Baxtiyor, Shavkat, Shohruh, qiz bolalarga esa Lola, Gulnora, Gulnoza, Gulchehra, Manzura, Nargiza, Sahnoza, Dilfuza, Dildora deb ism qo'yishadi. Erkak ismlarining undoshga, ayol ismlarining unliga tugashi keng tarqalgan.

Oilada egizak o'g'il bolalar tug'ilsa, Hasan-Husan, egizak qizlar tugilganda, Fotima-Zuhra deb nom berishadi. O'g'il bolalarning ismlariga ko'pincha "-jon", qiz bolalarning ismlariga "-xon" qo'shib chaqiriladi.

단어

a'lochi	우등생	egizak	쌍둥이
qizcha	소녀	unli	모음
arava	마차	erkalamoq	귀여워하다
qo'zichoq	어린 양	urmoq	때리다
avval	먼저, 우선	ism qo'ymoq	이름 짓다
quti	상자	yashirib qo'ymoq	숨기다
ayiq	곰	katta o'g'il	맏아들
quvlamoq	뒤쫓다	yo'qotib qo'ymoq	잃어버리다
aylanmoq	산책하다	keng	넓은
sindirmoq	부수다	o'tlatmoq	풀을 먹다
bosmoq	밟다; 찍다	minmoq	타다
tarqalmoq	널리 알려지다	chaqaloq	아기
bog'cha	유치원	odobli	점잖다, 예의바른
undosh	자음	chaqirmoq	부르다

연습문제

1. _____-jon/-xon _____ .

   보기 : Lola / aqlli qiz → Lolaxon aqlli qiz.

   1) Nodir / a'lochi o'quvchi
   2) Shavkat / xat yozdi
   3) Nargiza / universitetga ketgan
   4) Rustam / odobli yigit
   5) Gulnora / bolalarni juda yaxshi ko'radi

2. _____ chani _____ .

   보기 : Anvar qush / qo'yib yubordi
         → Anvar qushchani qo'yib yubordi.

   1) yur, bozor / aylanamiz
   2) quti / yashirib qo'y
   3) arava / olib kel
   4) qiz / nega urding?
   5) ayiq / yo'qotib qo'ydim

3. _____ choqni _____ .

   보기 : Sen qo'zi / o'tlatib kel → Sen qo'zichoqni o'tlatib kel.

   1) Karim toy / erkaladi
   2) bola o'yin / oldi
   3) u qo'zi / quvladi
   4) sen toy / minib ol
   5) bola o'yin / sindirib qo'ydi

우즈벡어단어

우즈벡어-한국어 단어

a'lochi	우등생		aytib bermoq	말해주다
adabiyot	문학		ba'zan	가끔; 때때로
adres	주소		ba'zi	어떤
afsuski	유감스럽게		bahor	봄
ahmoq	바보		baliq	물고기
aholi	인구; 백성		band	바쁘다
ahvoli	상태		bank	은행
aka	형; 오빠		basketbol	농구
albatta	꼭; 틀림없이		bayram	명절; 축제
alifbo	알파벳		begemot	하마
allaqachon	벌써, 이미		bekat	정거장; 역
almashtirmoq	환전하다; 바꾸다		bemor	환자
amaliy san'at	수공예		bepul	무료; 공짜
ancha	많다		bermoq	주다
aql	지혜		bilim	지혜; 지식
arava	마차		bilmoq	알다
aroq	술		bir daqiqa	잠깐만
artmoq	닦다		bir kishilik xona	1인실
arzon	싼		birmoqbirini	서로서로
ashula aytmoq	노래 부르다		birga	같이
auditoriya	강의실		birga bo'lmoq	함께 있다
avariya bo'lmoq	사고나다		birga	같이; 함께
avtobus	버스		biroz	조금
avval	먼저; 우선		bitiruv kechasi	졸업식
axlat	쓰레기		blanka	용지
ayb	죄; 잘못		bo'lak	조각
ayiq	곰		bo'lmoq	되다
aylanmoq	산책하다; 구경하다		bo'r	분필

bo'sh	한가하다, 빈	chaqmoq	쪼개다
bo'sh joy	빈 자리	charchamoq	피곤하다
bo'sh xona	빈방	chavandozlik	승마
bo'y	키; 신장	chegaradosh	인접국; 접경국
bo'yatmoq	염색하다	chek	수표
bog'	정원	chelak	통; 양동이
bog'cha	유치원	chiqmoq	타다 나가다
boks	복싱	chiroyli	아름답다; 예쁘다
bola	어린아이	chislo; kun	날짜, 요일
bolamoqchaqa	아이들	cho'milmoq	수영하다
bor	있다	cho'zilmoq	지연되다
borlar	계시다	chol	늙은 남자; 노인
bormoq	가다; 다니다; 도착하다	chorshanba	수요일
bosh	머리	choy	차
boshlamoq	시작하다	dada	아빠; 아버지
boshlanmoq	시작되다	daftar	공책
boshqa	다른	dala	밭; 들
bosmoq	밟다; 찍다	dam olmoq	쉬다; 휴식하다
bosqich	계급	damlamoq	(차를)우려내다
boylik	부	daqiqa, minut	분(시간)
bozorcha	작은 시장	daraja	정도
bu yer	이 곳	daraxt	나무
bu yerda	이 곳에서	dars qilmoq	공부하다
bugun	오늘	xat yozmoq	편지를 쓰다
bulut	구름	dars qoldirmoq	수업을 빠지다
burun	코	daryo	강
buva	할아버지	demoq	말하다
buvi	할머니	dengiz	바다
buyuk	위대하다	deraza	창문
buyum	유물; 물건	do'kon	가게; 상점
buyursin	예쁘게 입으세요	do'st	친구
chaqaloq	아기	doktor	의사
chaqirmoq	부르다	dollar	달러

don	먹이, 씨	hamma	모두
doska	칠판	hammom	목욕탕
dugona	(여자끼리)친구	hamshira	간호원
dushanba	월요일	haqida	~에 대하여
egizak	쌍둥이	haqiqatan	참, 정말로
emas	~이 아니다	har doim	항상
er	남편	harakat	노력
erkalamoq	귀여워하다	harbiy xizmat	군대
ertak	동화	harf	문자; 철자
ertalab	아침	harorat	온도
eshik	문	havo	날씨; 공기
eshitmoq	듣다	haydamoq	운전하다
esmoq	불다	haykal	동상
familiya	성	hayot	삶
faqat	단지, 그러나	hikoya	이야기
fasl	계절	hisob daftarchasi	예금통장
firma	회사	hisob ochtirmoq	(계좌)개설하다
foiz	이자	hisob	예금
foizli	정기예금	hisoblamoq	간주하다; 세다
foizsiz	보통예금(이자가 없는)	hisobot	보고서
futbol	축구	hojatxona	화장실
g'arbiy viloyat	서쪽 영역	hovli	마당; 단독주택
g'or meva	설익은 과일	hovuch	줌
g'or	동굴	hovuz	연못; 수영장
gapirmoq	말하다	hozir	지금
gazeta	신문	hujjat	서류
gilam	양탄자	iborat	구성하다
gugurt	성냥	ichida	안에
gul	꽃	ichkariga	안으로
gulxan camp fire ha	예; 네	ichkilik	술
halim	할림(음식이름)	idish	그릇; 도자기
ham	~도 역시	ijod	창조물; 창작물
hamisha	항상	iliq	따뜻하다

ilmiy rahbar	지도교수	kech qolmoq	늦다
institut	대학교; 연구소	kech	늦게
iqlim	기후	kecha	어제
iqtisod	경제	kechirasiz	실례합니다
ish	사업; 일	kelinoyi	형수, 사모
ishbilarmon	사업가	kelishgan	잘 생긴, 어울리는
ishchi	노동자	kelmoq	오다
ishdan keyin	퇴근 후에	keng	넓은
ishlamoq	일하다	kerak	필요하다
ishonmoq	믿다	ketmoq	가다
isimoq	더워지다	keyin	나중에; 후에
isitma	열	kichik	작다
ism (o t)	이름	kino	영화
ism qo'ymoq	이름 짓다	kino ko'rmoq	영화 보다
jamiyat	사회	kinoteatr	극장
jarayon	흐름; 진행	kir yuvmoq	빨래하다
jingalak soch	곱슬머리	kirmoq	들어가다
jiyan	조카	kishi	사람
jo'nab ketmoq	떠나다; 출발하다	kitob do'koni	서점
jo'natmoq	보내다	kitob javoni	책장
jonivor	짐승	kitob o'qimoq	책 읽다
joy	자리; 장소	yotmoq	눕다
uxlamoq	자다	kitob	책
juda	매우; 아주	kiyinmoq	옷 입다
juma	금요일	ko'cha	길 골목
jurnal	잡지	ko'chirmoq	커닝하다(옮겨쓰다)
kalish	고무신	ko'k choy	녹차
kamroq	조금만	ko'k somsa	음식이름
karavot	침대	ko'l	호수
kasalxona	병원	ko'p	많다
kasalxonaga yotmoq	입원하다	ko'p qavatli uy	아파트
katak	우리, 새장	ko'pchilik	대부분
katta o'g'il	맏아들	ko'pincha	보통; 일반적으로

ko'plab	대중의	maza qilmoq	즐겁게 보내다
ko'rilmoq	회담하다	mehmon	손님
ko'rishguncha	다시 만날 때까지	mehmondo'st	친절하다
ko'rmoq	보다	mehmonga bormoq	방문하다
yurmoq	걷다	mehmonxona	호텔
ko'ylak	옷	mehribon	너그럽다
ko'z	눈	men	나
ko'zoynak	안경	menyu	메뉴
konvert	봉투	meros	유산
koptok	공	metro bekati	지하철역
kuchuk	강아지	meva	과일
kurash	씨름; 레슬링	mevamoqcheva	과일
kurs	환율; 과정, 과	Milliy bog'	국립공원
kutib olmoq	마중하다	milliy kiyim	민속의상
kutmoq	기다리다	milliy taom	전통음식
kutubxona	도서관	mo'l	많다
kuz	가을	muddat	기간
labbay	네	muhabbat	사랑
lekin	그러나; 하지만	muhim masala	중요한 일
lug'at	사전	murojaat qilmoq	문의하다
mahkam	꼭, 힘 있게	musobaqa	경기; 시합
majlis	회의; 모임	muzey	박물관
maktab	학교	muzqaymoq	아이스크림
mamlakat	나라; 국가	naqd pul	현금
maqola	기사	narx	가격; 값
marka	우표	navbatda turmoq	줄서다
markaziy	중앙	necha	몇; 얼마
maroqli	재미있다	nikoh to'yi	결혼식
marosim	예식; 행사	nima qilmoq	무엇을 하다
marta	몇 번	nimcha	조끼
mashaqqat ko'rmoq	고생하다	nishonlanmoq	경축하다
mavjud	존재하다	nok	배(과일)
maydon	운동장; 광장	nonushta	아침식사

nonushta qilmoq	아침 식사하다	oddiy	보통
nonvoyxona	빵집	odobli	예의 바른; 점잖은
nusxa ko'chirmoq	복사하다	og'rimoq	아프다
o'chirg'ich	지우개	oldin	이전에
o'chirmoq	끄다	olib kelmoq	데려오다
o'g'il	아들	olma	사과(과일)
o'g'irlamoq	훔치다	olmoq	사다
o'qimoq	공부하다, 읽다	oltin	금
o'qituvchi	선생님	omad	행운; 복
o'quvchi	(초,중,고등)학생	ona	엄마; 어머니
o'rganmoq	배우다	opa	누나; 언니
O'rta Osiyo	중앙아시아	oq ayiq	백곰
o'rtoq	친구	osh bo'lsin	많이 드세요
o'sha	바로 그(것)	oshpaz	요리사
o'sha kuni	그 날	oshxona	식당
o'shanda	그 때	ota	아빠; 아버지
o'smoq	자라다	otamoqbola	부자(父子)
o'tgan hafta	지난주	otamoqona	부모
o'tinchi	나무꾼	otaxon	할아버지
o'tirmoq	앉다	otkritka	카드
o'tkazilmoq	보내지다	ovqat pishirmoq	요리하다
o'tkazmoq	통과하다	ovqat qilmoq	음식을 만들다
o'tkazmoq	지나가게 하다	ovqatlanmoq	식사하다
o'tlatmoq	풀을 먹다	oxirgisi	마지막
o'tmoq	건너다; 지나다	oy	달
o'xshamoq	닮다; 유사하다	oyna	유리; 거울
o'yinga tushmoq	춤을 추다	ozgina	조금만
o'ylamoq	생각하다	oziqmoqovqat do'koni	식료품점
o'ynamoq	놀다; 경기하다	ozod	자유
o'z ichiga olmoq	포함하다	palov	기름밥(전통음식)
o'zgarib ketmoq	변하다	paxta	면화
obuna bo'lmoq	구독하다	payshanba	목요일
odam	사람	pishirilmoq	요리되다

pista	피스타치오	qoʻl tekkizmoq	손대다
pivo	맥주	qoʻrqmoq	겁내다
piyola	찻잔	qoʻshiqchi	가수
pochta	우체국	qoʻzichoq	어린 양
posilka	소포	qogʻoz	종이
poyezd	기차	qolmoq	남다; 머무르다
poytaxt	수도	qor	눈
pul	돈	qora choy	홍차
pul sovurmoq	돈을 많이 들이다	qorin ochqamoq	배고프다
qachon	언제	qoya	절벽
qadimiy	옛날; 고대	qurmoq	짓다
qalam	연필	quruq	건조하다
qalay	어떻다; 어떠한	quruvchi	건축가
qancha	얼마	qush	새 (동물)
qanday, qanaqa	어떤	quti	상자
qarindosh	친척	quvlamoq	뒤쫓다
qatiq	요구르트	rafiqa	아내; 부인
qaychi	가위	rahmat	감사하다
qaysi	어떤; 어느	rang	색깔
qaytib kelmoq	되돌아오다	rangi siniq	안색이 좋지 않다
qaytim	잔돈	rasm chizmoq	그림 그리다
qaytmoq	돌다, 되돌아오다	rasmga tushmoq	사진 찍다
qazilma	지하자원	mazali	맛있다
qilmoq	하다; 행하다	rassom	화가
qimmat	비싼	razmer	사이즈
qish	겨울	reja tuzmoq	계획 세우다
qishloq	시골	ruchka	볼펜
qisqa	짧다	sakramoq	뛰다
qiz	여자	salom aytmoq	안부 전하다
qizcha	작은 여자 아이; 소녀	salqin	시원하다
qiziqarli	흥미로운; 재미있는	san'at muzeyi	예술박물관
qiziqish	관심; 흥미	saranjom	정돈되다
qoʻl	손	sartaroshxona	미용실; 이용원

sayil	유희	soat	시계; 시
sayohat	여행	soch kestirmoq	머리 자르다
sen	너	solmoq	채우다
seshanba	화요일	soqol	턱수염
sevgi	사랑	sotib olmoq	사다
shahar aylanmoq	도시를 구경하다	sotmoq	팔다
shahar markazi	시내	sotuvchi	상인
shaharcha	소도시	sovchi	중매인
shakar	설탕	sovg'a	선물
shamol	바람	soyabon	우산
shanba	토요일	spirtli ichimliklar	술
shaxmat	체스; 장기	sport	운동
qatnashmoq	참가하다	stol	책상
she'r	시(詩)	stol	책
shinam	아담하다	stul	의자
shirin so'z	좋은 말	sumalak	음식이름
shirin	달다, 맛있다	sumka	가방
shirin	맛있다	supurmoq	쓸다
shoir	시인	suv	물
shoshilinch	긴급; 속달	suzish	수영
shoshmoq	서두르다	suzmoq	덜다
shovqin solmoq	시끄럽게 하다	taassurot qoldirmoq	감명을 주다
shunday	그렇게	taassurot	인상; 감명
sifatida	형식으로	tabiiy zaxira	천연자원
sigaret	담배	tajriba	경험
sindirmoq	부수다	tajribali	경험이 많은
singari	～등; ～같이	taklif qilmoq	초대하다
singil	여동생	talaba	대학생
sinib qolmoq	부서지다	tamosha	공연
sira	전혀; 결코	tanishmoq	소개하다
siyrak soch	머리숱이 작은	tanlamoq	선택하다
siz	당신	tanlov	선택; 결정
so'rab kelmoq	물어오다; 찾아오다	tantana	의식; 행사

taqmoq	쓰다, 달다	tug'ilmoq	태어나다
tarbiyachi	유치원 교사	tumbochka	서랍장
tarqalmoq	널리 알려지다	tungi chiroq	스탠드
tashkil topmoq	구성하다	tur	종류
tashlamoq	버리다	turli	여러 종류의
tashqari	밖	turmoq	일어나다; 서다
tayyorlamoq	준비하다	turmushga chiqmoq	시집가다
tayyorlov fakulteti	예비학교; 준비학교 (진학을 위한)	tushlik qilmoq	점심 식사하다
		tushlik	점심
teatr	극장	tushmoq	내리다
tegmoq	만지다	tuyaqush	타조
telefon qilmoq	전화하다	tuzalmoq	회복하다; 낫다
telefon	전화	uchrashmoq	만나다
telegramma	전보	uchrashuv	약속, 만남
televizor ko'rmoq	~를 보다	uka	남동생
tennis	테니스	ulgurmoq	이르다
tez yordam	응급센터	ulkan	거대하다
tezmoqtez	자주; 종종	unda	그럼
tikmoq	재봉하다	undosh	자음
tiktirmoq	꿰매게 하다	univermag	백화점
tikuvchi	재봉사	universitet	대학교
tilak	소원; 바램	unli	모음
tinch	평화; 평안	urmoq	때리다
tinglamoq	듣다	ushlamoq	잡다
to'shalmoq	펼치다; 깔다	ushlab ko'rmoq	손을 대다; 잡다
to'xtamoq	서다; 멈추다	uxlamoq	자다
tog'	산	uy	집
tomoq	목(신체)	uy bekasi	가정주부
tovlamachi	사기꾼	uy ichilar	집안 식구
tovuq	닭	uy vazifasi	숙제
toychoq	망아지	uylanmoq	장가가다
tozalamoq	청소하다	uzoq	멀다
tug'ilgan kun	생일	uzun	길다

valuta	외화	yashamoq	살다
vaqt	시간	yashirib qoʻymoq	숨기다
varrak	연	yashirmoq	숨기다
vatan	국가	yaxshi emas	좋지 않다
velosiped	자전거	yaxshi	좋다
vokzal	역	yaxshi koʻrib qolmoq	반하다
voleybol oʻynamoq	배구하다	yaxshi koʻrmoq	좋아하다
voqea	사건	yer	땅
xafa boʻlmoq	슬퍼하다	yetib kelmoq	도착하다
xafa	섭섭한; 서운한	yiqilib tushmoq	넘어지다
xalq	민족	yoʻl	길; 거리
xalq	국민	yoʻq	없다. 아니다
xalqaro	국제	yoʻqotib qoʻymoq	잃어버리다
xat	편지	yogʻmoq	(비/눈) 내리다
xat kelmoq	편지가 오다	yomgʻir	비
xat yozmoq	편지 쓰다	yoqimli ishtaha	맛있게 드세요
xavotir olmoq	걱정하다	yordam bermoq	도와주다
xayr	안녕히 가세요; 안녕	yosh bola	어린이
xiyonat	배반	yoshligida	어릴 때
xona	방	yotmoq	눕다
xonadon	가족	yoz	여름
xotin	아내; 부인	yubormoq	보내다
xursand	기쁘다	yugurish	달리기
xursand boʻlmoq	기뻐하다; 반갑다	yugurmoq	달리다
yakshanba	일요일	yurmoq	걷다; 지내다
yana	다시; 또	yuvinmoq	씻다
yangi	새롭다	zakaz qilmoq	주문하다
yangi	새롭다	zavod	공장
Yaqin Sharq	근동	zilzila	지진
yaqin	가까운	zoʻr	좋다
yarashmoq	어울리다		
yarim	반		
yasamoq	만들다		

■ 저자 약력

· 한국외국어대학교 졸업(B.A.)
· Tashkent State University 졸업(M.A.)
· Institute of Language and Literature,
  Academy of Sciences of Uzbekistan 중앙아시아 언어학 졸업(Ph.D.)
· National University of Uzbekistan 외국어문대학 교수,
  우즈벡-한국학 연구소 소장 역임
· 現, 한반도국제대학원대학교 국제지역학과 교수
    iacd21@yahoo.co.kr

〈저서〉
· 한-우-영어 사전, 펴내기, 2004
· 우즈벡어 기초회화, 펴내기, 2004
· 우-한 사전, 한반도국제대학원대학교 출판부, 2007

우즈벡어

저자 / 김병일

초판인쇄 / 2006년 8월 27일
초판발행 / 2006년 9월 1일
초판2쇄 / 2009년 6월 19일

편   집 / 김현숙, 김영인
표지디자인 / 이남재, 홍세화
본문디자인 / 정은숙
일러스트 / 최준기, 김미수

발   행 / 한반도국제대학원대학교 출판부
서울 용산구 효창동 5-357 한반도국제대학원대학교
전화 (02) 718-5273
Fax (02) 707-3116
등   록 / 2006년 7월 20일

ISBN / 89-958345-2-7   91790

값 : 15,000원